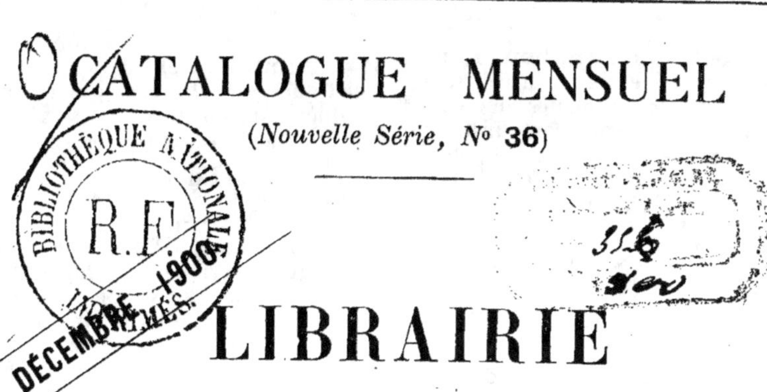

CATALOGUE MENSUEL

(Nouvelle Série, N° 36)

LIBRAIRIE

DE

THÉOPHILE BELIN

29, Quai Voltaire, PARIS

SOMMAIRE

Almanachs royaux, 1763, 1780, 1792. — *Alphand*. Les Promenades de Paris, 1868-73, 2 vol. — L'Apocalypre Saint-Jehan, 1541. — L'Artiste, 1839-41, 8 vol. — *Barre*. Histoire d'Allemagne, 1748, 11 vol. — *Basan*. Cabinets Choiseul et Poullain, 1771-81. — *Bassompierre*. Mémoires et Ambassades, 1665-68, 4 vol. *Boccace*. Des Dames de renom, 1551. — *Bouchet*. Les Angoysses d'amour, 1536. — Cabinet du Roi. Tapisseries. — *Cahier et Martin*. Monographie de la cathédrale de Bourges, 1841-44, — *Carlo Magno*. Innamoramento, 1481. — Cento favole Morali, 1570. — *Crétin*. Chants royaulx, 1527. — *Delafosse*. Nouvelle iconologie, 1771. — *Denon* Monuments des Arts, 1829, 4 vol. — *Denon*, Œuvre originale, 1873, 2 vol. — *Detaille*. Types et uniformes de l'Armée française, 1885-89. — *Droz*. M., Mᵐᵉ et Bébé, 1878 (Chine). — *Du Lorens*. Satyres, 1646. — *Du Verdier*. La Prosographie, 1573. — *Erasme*. Paraphrasis in novum Testamentum, 1540. — Les Evangiles (Curmer), 2 vol. — Féminies, 1896. — Fêtes publiques pour le mariage du Dauphin, 1747. — *Filhol*. Galerie du Musée Napoléon, 1804-1828, 11 vol. — *Forster*. Monuments d'Architecture, 1859-67, 8 vol. — *Froissard*, 1530, 3 vol. — Galerie de Dresde, 1753-57, 2 vol. — Galerie de l'Hermitage, 1805-09, 2 vol. — Galerie du Palais-Royal, 1786-08, 3 vol. — *Guéroult*. Emblèmes, 1550. — Heures de 1502, de 1513 et de 1524. — *Jodelle*. Œuvres, 1583. — *Labarte*. Arts industriels, 1864-66. — *La Fontaine*. Contes, 1795, 2 vol. — *Lauri*. Antiquæ Urbis, 1628-37. — Manuscrits.

PARIS

LIBRAIRIE THÉOPHILE BELIN

29, QUAI VOLTAIRE, 29

—

1900

3436. Abot de Bazinghen. Traité des Monnoies et de la jurisdiction de la Cour des Monnoies en forme de dictionnaire, contenant l'histoire des monnoies des anciens peuples, les monnoies de France, etc. *Paris, Guillyn,* 1764; 2 vol. in-4, veau. 8 fr.

3437. Actions (Les) héroïques de la comtesse de Montfort, duchesse de Bretagne (par Pierre Gissey). *Paris, Vve Claude Mazuel,* 1697 ; in-12, parch. 8 fr.

3438. Addison, Caton, tragédie traduite par M. A. Boyer. *Amsterdam, J. Desbordes,* 1713 ; pet. in-12, front., demi-rel. dos et coins de veau rouge. 5 fr.

Jolie édition, provenant de la bibliothèque d'Arthur DINAUX.

3439. Adelaïde de Messine, nouvelle historique, galante et tragique, ornée de figures en taille-douce. *Amsterdam, L'Honoré et Chatelain,* 1742 ; 2 tomes en un vol. in-12, bas. 12 fr.

Figures en taille-douce. Voy. Bibliothèque universelle des romans, tome XV.

3440. Adimari (Aless.). La Polinnia, overo cinquanta sonetti. *Firenze, Pietro Ceconccelli,* 1628 ; pet. in-4, titre gravé, vélin. 12 fr.

3441. Advielle (Victor). La Bibliothèque de Napoléon à Sainte-Hélène. *Paris, Lechevalier,* 1894 ; pet. in-8, br. 3 fr. 50

3442. Aëdonologie, ou traité du rossignol franc ou chanteur ; contenant la manière de le prendre au filet, de le nourrir facilement en cage (par Arnault de Nobleville et Salerne). *Paris, Debure,* 1773 ; in-12, pl., cart. 5 fr.

3443. Ailly (Philippe Bourlier, baron d'). Recherches sur la Monnaie romaine depuis son origine jusqu'à la mort d'Auguste. *Lyon, Scheuring,* 1864-1869 ; 4 vol. in-4, cart., *non rognés.* 50 fr.

113 planches finement gravées au burin.

3444. Aimé-Martin. Lettres de Sophie sur la Physique, la Chimie et l'Histoire naturelle. *Paris, Lefèvre,* 1822 ; 2 vol. in-8, demi-rel. veau vert, dos orné, tr. marbr. 10 fr.

Figures coloriées.

3445. Album de photographies artistiques. In-fol. oblong, mar. Lavallière, tr. dor. 25 fr.

Reproductions de 44 tableaux de Cabanel, Chevignard, Rosa Bonheur, P. Delaroche, Galimard, Hebert, Bellangé, Troyon, Meissonier, Baudry, H. Vernet, etc., exécutés de 1855 à 1860.

3446. Alembert (D'). Élémens de Musique théorique et pratique, suivant les principes de M. Rameau, éclaircis, développés et simplifiés. *Lyon, J.-M. Bruyset,* 1762 ; in-8, veau marb., dos orné (*Rel. anc.*). 4 fr.

Planches de musique gravées en taille-douce.

3447. Alissan de Chazet. Mémoires, souvenirs, œuvres et portraits. *Paris, Postel,* 1837 ; 3 vol. in-8, portr., br. 8 fr.

3448. Alliance des Jacobins de France avec le Ministère anglais ; suivie des stratagèmes de Fr. Drake, sa correspondance, ses plans de campagne. *Paris, Imprimerie de la République, an XII* (1804); in-8, br. 3 fr.

3449. Allonville. Mémoires tirés des papiers d'un homme d'Etat, sur les causes secrètes qui ont déterminé la politique des cabinets dans la Révolution, depuis 1792 jusqu'en 1815 (par le comte d'Allonville, A. de Beauchamp et Schubart). *Paris, Ponthieu,* 1828-1838 ; 13 vol. in-8, br. 60 fr.

Mémoires très intéressants (voy. Barbier III, 260).

3450. Almanach de la Cour, de la Ville et des départements pour l'année 1814. *Paris, Janet* (1814); pet. in-12, mar. rouge, dos orné, dent , tr. dor. (*Rel. anc.*). 25 fr.

4 charmantes figures de *Duplessi-Bertaux,* reproduisant 4 tableaux de l'école hollandaise. Cet almanach donne le nom de tous les principaux fonctionaires de l'Empire.

3451. Almanach de la Noblesse de l'Empire français pour 1809. *Paris, Fain,* 1809 ; in-16, br., couv. 4 fr.

3452. Almanach royal, année 1763. *Paris, Le Breton,* 1763 ; in-8, mar. rouge, dos orné, large dent., tr. dor. (*Rel. anc.*). 150 fr.

Exemplaire aux armes de HUE DE MIROMESNIL, président du parlement de Normandie, plus tard garde des sceaux de France.

Achat de Bibliothèques

3453. **Almanach royal.** Année bissextile 1780. *Paris, d'Houry,* 1780 ; in-8, mar. rouge, dos fleurdelisé, fil., tabis, tr. dor. (*Rel. anc.*).   150 fr.

Très bel exemplaire en GRAND PAPIER aux armes mosaïquées de R.-N.-Ch.-Aug. de MAUPEOU, chancelier de France.

3454. **Almanach royal,** année bissextile 1792. *Paris, imp. de Testu ;* in-8, mar. rouge, dos orné, dent., tr. dor. (*Rel. anc.*).   125 fr.

Rare exemplaire de l'année 1792, aux armes.

3455. **Alphand.** Les Promenades de Paris. Histoire, description des embellissements, dépenses de création et d'entretien des bois de Boulogne et de Vincennes, des Champs-Elysées, parcs, squares, boulevards et des promenades de la ville de Paris. *Paris, Rothschild* (1868-1873); 2 vol. in-fol., *en feuilles.* 150 fr.

Exemplaire sur PAPIER DE HOLLANDE, contenant 80 gravures sur acier, 23 chromolithographies et 407 figures sur bois.

3456. **Alphonse** (Pierre). Discipline de Clergie, traduction de l'ouvrage de Pierre Alphonse (attribuée à J. Miellot). *Paris, impr. de Firmin Didot,* 1824 ; in-8, mar. vert, dos orné, dent., tabis, tr. dor. (*Lefebvre*)   40 fr.

Un des 20 exemplaires sur grand papier, tirés pour les membres de la Société des Bibliophiles françois.

3457. **Amic** (Henri). George Sand, mes souvenirs. *Paris, Calmann Lévy,* 1893 ; in-8, br.   2 fr. 50

3458. **Anacréon.** Odes traduites en françois, avec le texte grec, la version latine, des notes critiques et un discours sur la musique grecque, par J.-B. Gail. *Paris, impr. de Didot l'aîné* (1799); 4 vol. in-18, cart., *non rognés.*   25 fr.

Portrait de Gail en 2 états : eau-forte et terminé, 4 vignettes de *Queverdo* et 27 pages de musique gravée.

3459. **Anacréon.** Odes d'Anacréon, traduites en vers sur le texte de Brunck, par J.-B. de Saint-Victor. *Paris, Nicolle,* 1810 ; in-8, mar. rouge à grains longs, dos orné, dent., tabis, tr. dor. (*Rosa*). 30 fr.

4 jolies figures de *Girodet* et *Bouillon,* gravées par *Girardet.*
Exemplaire dans une reliure genre Bozérian.

3460. **Aneau** (Barthélemy). Picta poesis. Ab authore denuo recognita. *Lugduni, apud Ludovicum et Carolum Pesnot,* 1563. (A la fin :) *Lugduni, Mathias Bonhome excudebat ;* in-16, fig., veau racine, dos orné, dent., tr. dor. (*Rel. anc.*). 70 fr.

Ouvrage orné de 105 jolies vignettes sur bois que l'on attribue généralement à *Bernard Salomon,* dit le *Petit Bernard.*
L'auteur cite à la fin de son livre divers accidents ou événements mémorables arrivés de son temps dans la ville de Lyon : en 1540, celui de M. de Corberon et de deux de ses amis sur lesquels une maison s'écroula ; en 1552, celui de Fr. Peloux, enseveli pendant sept jours dans un puits ; la naissance d'un chat phénoménal, etc.
Exemplaire avec des notes de François de Neufchâteau, et provenant en dernier lieu de la bibliothèque de FIRMIN-DIDOT.

3461. **Anecdotes.** *Paris, Vincent,* 1768-1776 ; 18 vol. pet. in-8, veau, dos orné (*Rel. anc.*).   50 fr.

Anecdotes françoises, par Guill. Bertoux, 3 vol. — Anecdotes italiennes, par Fr. de la Croix, 1 vol. — Anecdotes angloises, par Fr. de la Croix, 1 vol. — Anecdotes du Nord, par de la Place, La Croix et Hornot, 1 vol. — Anecdotes des Républiques, par de la Croix, 2 vol. — Anecdotes arabes, par de la Croix et Hornot, 1 vol. — Anecdotes ecclésiastiques, par Jaubert et Dinouart, 2 vol. — Anecdotes espagnoles et portugaises, par Bertoux, 2 vol. — Anecdotes orientales; par Mentelle, 2 vol. — Anecdotes chinoises, par Castillon, 1 vol. — Anecdotes africaines, par Dubois-Fontanelle, 1 vol. — Anecdotes américaines, par Hornot, 1776.

3462. **Anecdotes** diverses des règnes de Louis XIV, Louis XV et Louis XVI, en vers, prose, lettres, mémoires, chansons et épigrammes, réunis par un écolier de quinze ans du collège du Plessis-Sorbonne. *Paris,* 1790 ; 2 tomes en un vol. in-12, chagr. rouge, tête dor., *non rogné.*   15 fr.

On trouve dans ce recueil nombre de pièces satiriques et autres fort intéressantes.

3463. **Anecdotes** du dix-huitième siècle. *Londres,* 1783 ; 2 tomes en un vol., bas.   8 fr.

D'après Barbier cet intéressant ouvrage serait la première édition des « Anecdotes secrètes du XVIIIe siècle attribuées à P.-J.-B. Nougaret ».

3464. **Annales dramatiques** ou dictionnaire général des théâtres, par une société de gens de lettres. *Paris,* 1808-1812 ; 9 vol. in-8, demi-rel. basane.   20 fr.

Cet ouvrage des plus important pour l'histoire du théâtre en France, est dû à la

Et de Livres anciens et modernes

collaboration de Babault, Ménégault et autres. Il contient non seulement l'analyse de toutes les pièces depuis Jodelle jusqu'au commencement du XIXᵉ siècle, mais encore des notices biographiques sur les principaux auteurs, compositeurs, acteurs et actrices anciens et modernes, qui ont illustrés nos principales scènes.

3465. Anquetil. L'Esprit de la Ligue, ou histoire politique des troubles de la ligüe pendant les XVIᵉ et XVIIᵉ siècles. (Par le P. L.-P. Anquetil, génovéfain). *Paris, J.-T. Hérissant fils*, 1767 ; 3 vol. in-12, veau fauve, dos orné, fil. (*Rel. anc.*).   20 fr.

Exemplaire portant sur le dos les pièces d'arme du maréchal de ROHAN-SOUBISE.

3466. Anticoton, ou refutation de la lettre declaratoire du Père Coton. Livre où est prouvé que les jésuites sont coupables et autheurs du parricide execrable commis en la personne du Roy Henry IV. *S. l.*, 1610 ; pet. in-8 en 72 pp., dérelié. 4 fr.

Raccommodages à plusieurs feuillets.
Cette pièce a été attribuée à Jean du Bois, à du Moulin, à P. du Coignet et à César de Plaix.

3467. Antoine-Estienne (Frère). Remonstrance charitable aux dames et damoyselle de France sur les ornemens dissolus. *Genève, Gay*, 1867 ; in-12, br.   6 fr.

Réimpression textuelle de l'édition de 1585. PAPIER DE HOLLANDE.

3468. Antommarchi (Dʳ). Mémoires du Docteur Antommarchi, ou les derniers momens de Napoléon. *Paris, Barrois*, 1825 ; 2 vol. in-8, br.   9 fr.

3469. Apocalypse Sainct Jehan Zebedée (L'), ou sont comprinses les visions et revelations que icelluy sainct Jehan eut en l'ysle de Pathmos ; le tout ordonne par figures convenables selon le texte de la Saincte Escripture. Ensemble les cruaultez de Domicien Cesar. 1541. (A la fin :) *Et fut achevé ledit livre d'imprimer le xxvij jour de May* 1541 *pour Arnould et Charles les Angeliers freres* ; in-fol. goth. à 2 col., fig. sur bois, mar. bleu, dos orné, fil., compart., coins et milieux, dorure à petits fers, tr. dor. (*Rel. anc.*).   9.000 fr.

Le titre de ce précieux volume est entouré par un très bel encadrement gravé sur bois, et de charmantes petites figures également sur bois d'un style aussi élégant que parfait illustrent le texte.
Superbe exemplaire réglé, orné d'une très riche et très élégante reliure à compartiments portant sur les plats les chiffres couronnés du roi LOUIS XIII et de la reine ANNE D'AUTRICHE.

3470. Apologie des Dames appuyée sur l'histoire par M. de *** (Mᵐᵉ Galien, de Château-Thierry). *Paris, Didot*, 1737 ; in-12, veau, dos orné (*Rel. anc.*).   8 fr.

3471. Arioste. Orlando furioso. *Parigi, Plassan*, 1795 ; 4 vol. in-8, cart., éb., *non rognés*. 35 fr.

Portrait et 92 figures de *Cochin*, gravées par *Delaunay, Lingée* et *Ponce*.

3472. Artiste (L'). Journal de la Littérature et des Beaux-Arts. *Paris, aux bureaux de l'Artiste*, 1839-1841 ; 8 vol. in-4, cart., *non rognés*.   150 fr.

Collection complète de la DEUXIÈME SÉRIE de cette belle, célèbre et très artistique publication. Son illustration : lithographies, tailles-douce et eaux-fortes, comprend : Tome Iᵉʳ, 49 pl. — Tome II, 33 pl. — Tome III, 32 pl. — Tome IV, 36 pl. — Tome V, 50 pl. — Tome VI, 44 pl. — Tome VII, 50 pl. — Tome VIII, 46 pl. Soit ensemble 340 planches.
Fortes taches de rousseur dans plusieurs volumes.

3473. Atalzaide, ouvrage allégorique (par Crébillon fils). *Imprimé où l'on a pû*, 1745 ; 2 tomes en un vol. in-12, veau.   5 fr.

3474. Aube. Essai sur les principes du Droit et de la Morale, par M. d'Aube. *Paris, Bern. Brunet*, 1743 ; in-4, mar. rouge, dos orné, fil., tr. dor. (*Rel. anc.*).   75 fr.

Bel exemplaire aux armes de Louis, duc d'ORLÉANS.

3475. Aubigné. Les Avantures du baron de Fæneste comprinses en quatre parties. Les trois premières revues, augmentées et distinguées par chapitres. Ensemble la quatriesme partie nouvellement mise en lumière, le tout par le mesme autheur (Théodore Agrippa d'Aubigné). *Au Dézert, imprimé aux despens de l'autheur*, 1630 ; in-8 de 6 ff. prél. et 308 pp., mar. rouge, fil. à froid, tr. dor. (*Trautz-Bauzonnet*).   150 fr.

PREMIÈRE ÉDITION COMPLÈTE.
Exemplaire du second tirage sous cette date, c'est-à-dire avec les trois dernières pages régulièrement chiffrées.

Achat de Bibliothèques

3476. **Audebert**. Histoire naturelle des singes et des makis. *Paris, Lefèvre,* 1810 ; in-fol., cart., *non rogné.*   40 fr.
63 planches.

3477. **Audebrand** (Philibert). Nos Révolutionnaires, pages d'histoire contemporaine. 1830-1880. *Paris, Frinzine,* 1886 ; in-8, br.   4 fr.

3478. **Aulnoy** (Comtesse d'). La Cour et la ville de Madrid vers la fin du XVIIe siècle. Relation du voyage d'Espagne. Edition nouvelle, revue et annotée par Mme B. Carey. *Paris, E. Plon,* 1874; in-8, portr., br. 4 fr.

3479. **Ault-Dumesnil, Dubeux et Crampon**. Nouveau Dictionnaire d'histoire et de géographie anciennes et modernes. Deuxième édition. *Paris, Lecoffre,* 1868 ; gr. in-8, demi-rel. chagr. vert.   8 fr.

3480. **Aventures** de Chœrée et de Callirhoé, traduites du grec (de Chariton) par M. Fallet. *Amsterdam et Paris,* 1775 ; in-8, demi-rel. veau rose.   10 fr.
6 figures de *Desrais.* Mouillures et manquent les figures 2 et 3.

3481. **Avantures** (Les) de l'Infortuné florentin, ou l'histoire de Marco Mario Brufalini. Nouvelle édition accompagnée de figures, avec la Guinguette du petit Gentilly. *Amsterdam, Pierre Mortier,* 1730 ; 2 tomes en un vol. in-12, demi-rel. dos et coins de mar. rouge, tr. dor. (*Petit-Simier*). 7 fr.
Édition ornée de jolies figures.

3482. **Aventures** (les) merveilleuses de Fortunatus, avec une préface par Henri Fouquier. *Paris, libr. des Bibliophiles,* 1887 ; in-4, br.   6 fr.
120 vignettes dans le texte par *Édouard de Beaumont.*

3483. **Avocat** (L') du Diable, ou mémoires historiques et critiques sur la vie et sur la légende du pape Grégoire VII. Avec des mémoires de même goût sur la bulle de canonization de Vincent de Paul. *Saint-Pourçain, chez Tansin, pas saint,* 1743 ; 3 vol. in-12, veau fauve, dos orné. (*Rel. anc.*). 12 fr.
Ouvrage attribué à l'abbé Adam, curé de Saint-Barthélemy à Paris.
Exemplaire portant sur le dos de la reliure l'écureuil du maréchal de Belle-Isle.

3484. **Babeau** (Albert). Paris en 1789. *Paris, Didot,* 1889 ; in-8, br.   4 fr.
Ouvrage illustré de 96 gravures sur bois et photogravures.

3485. **Babel**, publication de la Société des Gens de lettres. *Paris, Renouard,* 1840 ; 3 vol. in-8, cart., *non rognés.*   30 fr.
Frontispice d'*Henri Monnier.* Couvertures conservées.

3486. **Bachelin-Deflorenne**. La Science des Armoiries, avec gravures dans le texte. *Paris, libr. des bibliophiles,* 1880; in-8, demi-rel. dos et coins de mar. rouge, tête dor., *non rogné.*   12 fr.

3487. **Baïf**. Poème de la Vérité, par le sieur de Baïf, Gentilhomme servant de la feue royne Marguerite. *Paris, Mathieu le Maistre,* 1620 ; in-4 de 8 pp., mar. rouge jans., tr. dor. (*Capé*).   50 fr.

3488. **Bailly**. Mémoires, avec une notice sur sa vie, des notes et des éclaircissemens historiques, par MM. Berville et Barrière. *Paris, Baudouin,* 1821-1822 ; 3 vol. in-8, demi-rel. veau fauve, tête dor., éb. *non rognés.*   18 fr.

3489. **Ballanche**. Œuvres. *Paris, Barbezat,* 1830; 4 vol. in-8, br. 10 fr.
Cette édition devait former 9 volumes. Les 4 que nous annonçons sont les seuls qui aient parus.

3490. **Balzac**. Revue parisienne dirigée par M. de Balzac. *Paris, à la Revue parisienne,* 1840 ; in-16, br., couv.   4 fr.
Ce volume renferme 3 nos du 25 juillet au 25 septembre 1840.

3491. **Bancel** (F.-D.). Histoire des révolutions de l'esprit des français. Dé la langue et de la littérature française au Moyen âge. *Paris, Claudin,* 1878; in-8, br.   7 fr.
Portrait à l'eau-forte par *Lalauze.*

3492. **Barante**. Histoire des ducs de Bourgogne de la maison de Valois. 1364-1477, par M. de Barante. *Paris, Delloye,* 1839; 12 vol. in-8, fig., demi-rel. chagr. brun. 30 fr.
Exemplaire avec les figures sur Chine, et avec le tirage à part des en-têtes.

3493. **Bareith** (la margrave de). Mémoires de Frédérique Sophie

Wilhelmine de Prusse, margrave de Bareith, sœur de Frédéric-le-Grand ; écrits de sa main. *Paris, Buisson,* 1811 ; 2 vol. in-8, demi-rel. bas.   10 fr.

3494. **Barjaud** et **Landon**. Description de Londres et de ses édifices, avec un précis historique et des observations sur le caractère de leur architecture, et sur les principaux objets d'art et de curiosité qu'ils renferment, par J.-B. Barjaud et C.-P. Landon. *Paris, Landon,* 1810 ; in-8, pl., veau, dos orné.   30 fr.

Plan de Londres en 1810, et 42 jolies figures représentant les monuments de cette capitale.
Bel exemplaire.

3495. **Baron**. L'Art héraldique contenant la manière d'apprendre facilement le Blason (par Jules Baron). Nouvelle édition revue, corrigée et augmentée par A. Playne. *Paris, Ch. Osmont,* 1717 ; in-12, veau, dos orné, fil. (*Rel. anc.*).   8 fr.

Frontispice et figures en taille-douce.

3496. **Barre** (P.). Histoire générale d'Allemagne. *Paris,* 1748, 11 vol. in-4, mar. olive, dos orné, fil., tr. dor. (*Rel. anc.*).   350 fr.

Exemplaire de dédicace, tiré sur GRAND PAPIER, aux armes de FRÉDÉRIC-AUGUSTE III, roi de Pologne.

3497. **Barthélemy** (Édouard de). Les Grands Ecuyers et la grande Ecurie de France avant et depuis 1789. *Paris,* 1868 ; in-12, br. 4 fr.

PAPIER VERGÉ, tiré à 200 exemplaires.

3498. **Basan**. Recueil d'Estampes gravées d'après les tableaux du cabinet de Mgr. le duc de CHOISEUL, par les soins du sieur Basan. *Paris, l'auteur,* 1771 ; in-4, veau, fil., tr. dor. (*Rel. anc.*).   300 fr.

Titre, dédicace, portrait du duc de Choiseul et 128 planches gravées par les meilleurs artistes de l'époque.
Bel exemplaire.

3499. **Basan**. Collection des cent vingt estampes, gravées d'après les tableaux et dessins qui composaient le cabinet de M. POULLAIN, receveur général des domaines du Roi, décédé en 1780. *Paris, Basan,* 1781 ; in-4, veau marbré, fil., tr. dor. (*Rel. anc.*).   300 fr.

Bel exemplaire de PREMIER TIRAGE.

3500. **Basile** (Saint). Les Ascetiques, ou traitez spirituels de Saint Basile le Grand, traduits en françois par Godefroy Hermant. *Paris, Ant. Dezallier,* 1679 ; in-8, mar. rouge, tr. dor. (*Rel. anc.*). 250 fr.

Bel exemplaire portant sur le dos et les plats les armoiries de Paule-Françoise-Marguerite de GONDY DE RETZ, duchesse de LESDIGUIÈRES.

3501. **Bassompierre**. MÉMOIRES DU MARESCHAL DE BASSOMPIERRE, contenant l'histoire de sa vie et de ce qui s'est fait de plus remarquable à la Cour de France pendant quelques années. *Cologne, Pierre Du Marteau,* 1665 ; 2 vol. — Ambassade du Mareschal de Bassompierre en Suisse, l'an 1625. *Cologne, Pierre du Marteau (à la Sphère),* 1668 ; 2 tomes en 1 vol. — Ambassade du Mareschal de Bassompierre en Espagne l'an 1621. *Cologne, Pierre du Marteau (à la Sphère),* 1668. — Negociation du Mareschal de Bassompierre, envoyé ambassadeur extraordinaire, en Angleterre de la part du Roy tres-chrestien, l'an 1626. *Cologne, Pierre du Marteau (à la Sphère),* 1668 ; 2 ouvrages en 1 vol. Ens. 4 vol. in-12, mar. rouge, dos orné, fil., tr. dor. (*Bauzonnet*). 500 fr.

ÉDITION ORIGINALE des *Mémoires* et la seule qui soit sortie des presses elzéviriennes ; elle a été exécutée à Leyde par la veuve et les héritiers de Jean Elzevir. Bonne édition sous cette date des *Ambassades ;* elle sort des presses de Steucker et s'annexe aux Elzeviers (Willems, *les Elzevier,* nos 891 et 1783).
Hauteur : 132 et 133 mill. — Mouillure au volume *Ambassade d'Espagne.*

3502. **Bastille** (Pièces sur la). 2 vol. in-8, bas. (*Rel. anc.*).   12 fr.

1. Remarques historiques sur la Bastille. *Londres,* 1783. — 2. Mémoires sur la Bastille, par Linguet. *Londres,* 1783, front. — 3. Apologie de la Bastille pour servir de réponse aux mémoires de Linguet, par M*** (Servan). *Philadelphie (Lausanne),* 1784. — 4. La Bastille dévoilée (par Charpentier). *Paris,* 1789, 5 livr. sur 9). — 5. La Bastille au diable. *Paris,* 1790. — 6. Plan gravé de la Bastille.

3503. **Batteux** (Abbé). Les Beaux-Arts réduits à un même principe. *Paris, Durand,* 1747 ; in-8, fig., mar. rouge, dos orné, fil., tr. dor. (*Rel. anc.*)   150 fr.

Exemplaire en GRAND PAPIER DE HOLLANDE, orné d'un frontispice, d'un fleuron de titre et de 3 vignettes par *Eisen*, gravés par *Delafosse*.

3504. Beauchamp (Alphonse de). Vie politique, militaire et privée du général Moreau, depuis sa naissance jusqu'à sa mort. *Paris, Le Prieur,* 1814; in-8, portr., br. 8 fr.

3505. Beaufort (Louis de). Dissertation sur l'Incertitude des cinq premiers siècles de l'Histoire romaine. *Paris, Maillet,* 1866 ; in-8, br. 4 fr.

PAPIER VERGÉ.

3506. Beaurain (Chevalier de). Histoire militaire du duc de Luxembourg, contenant le détail des marches, campemens, batailles, sièges et mouvemens des armées du roi et de celles des alliées en Flandre. *La Haye, Benj. Gibert,* 1756-1758; 6 tomes en 2 vol. in-4, portr. et cartes, veau marb., dos orné, fil., tr. rouge (*Rel. anc.*). 25 fr.

3507. Beaux-Arts (Les), illustration des arts et de la littérature. *Paris, L. Curmer,* 1843-1844 ; 3 vol. in-4, cart., *non rognés,* couv. 70 fr.

Belles lithographies et planches en taille-douce. On a ajouté au 3ᵉ volume : L'Industrie. Exposition des produits de l'Industrie française en 1844.

3508. Bellori (J.-P.). Veteres Arcus Augustorum Triumphis insignes ex reliquis quæ Romæ, adhuc supersunt cum imaginibus triumphalibus restitute. *Romæ, typ. J. Fr. de Buagnis,* 1690 ; in-fol., vélin blanc. 35 fr.

52 planches gravées sur cuivre.

3509. Bergerat (Émile). Enguerrande. Poème dramatique, précédé d'une Préface par Théodore de Banville. Avec un portrait de l'auteur, gravé à l'eau-forte par H. Lefort, et deux compositions du statuaire Auguste Rodin. *Paris, Frinzine,* 1884 ; in-4, demi-rel. chagrin rouge, *non rogné.* 12 fr.

Envoi d'auteur.

3510. Bernard (J.-P.). Œuvres ornées de gravures d'après les dessins de Prud'hon, la dernière estampe gravée par lui-même. *Paris, P. Didot l'aîné, an V* (1797) ; in-4, demi-rel. dos et coins mar. vert, tête dor., *non rogné.* 150 fr.

Un des 150 exemplaires tirés sur PAPIER

VÉLIN FORT D'ANGOULÊME, avec la suite des figures de *Prud'hon,* en épreuves AVANT LA LETTRE. Les exemplaires sur ce papier sont les seuls qui contiennent les Opéras de l'auteur.

3511. — Les mêmes. *Paris, an V* (1797) ; in-4, dos et coins de mar. vert, dos orné, tr. dor. 100 fr.

Exemplaire sur PAPIER VÉLIN FORT avec la suite des figures avec la lettre. Déchirure au dernier feuillet.

3512. Berquin. Pygmalion. Scène lyrique de M. J.-J. Rousseau, mise en vers par M. Berquin, le texte gravé par Drouet. *Paris,* 1775 ; in-8, veau. 80 fr.

Charmant volume entièrement gravé, illustré de 6 jolies figures par *Moreau,* gravées par *Delaunay* et *Ponce,* contenant, à la suite, l'IDYLLE, ornée d'un entête et d'un cul-de-lampe de *Marillier,* gravés par *Gaucher.*

On a relié également dans le même volume : *Fayel, tragédie par M. d'Arnaud.* Paris, 1777, in-8, avec 2 fig. d'*Eisen.* Bel exemplaire.

3513. Bessas de la Mégie (O. de). Légendaire de la Noblesse. *Paris,* 1865 ; in-8, br. 8 fr.

3514. Bibesco (Georges). Roumanie. Règne de Bibesco. Correspondance et documents. 1843-1856. *Paris, Plon,* 1893-1894 ; 2 vol. in-8, portr., br. 10 fr.

3515. Bibliothèque de Madame la Dauphine. Nº 1, Histoire (Par J.-N. Moreau, historiographe de France). *Paris, Saillant et Nyon,* 1770 ; in-8, front., br. 15 fr.

Charmant frontispice dessiné et gravé par *Eisen.* Rare.

3516. Bibliothèque originale. *Paris, Pincebourde,* 1866 ; 5 vol. in-16, front., br. 15 fr.

Fréron, par Ch. Monselet. — *La Vérité sur la mort d'Alexandre,* par Littré. — *La Mort de Jules César,* par N. de Damas. — *Béranger et son temps,* par J. Janin. — *L'Histoire du comte de Bucquoy,* par Mᵐᵉ Dunoyer.

3517. Billardon de Sauvigny. L'Innocence du premier âge en France, ou Histoire amoureuse de Pierre Lelong et de Blanche Bazu, suivie de la Rose ou la Fête de Salency. *Paris, Ruault,* 1778 ; in-8, br. 8 fr.

Frontispice gravé. 2 jolies figures de *Moreau* et de *Greuze,* et 2 vignettes entête.

Et de Livres anciens et modernes

3518. Biographie pittoresque des Députés. Portraits, mœurs et costumes (par Henri de Latouche, Bert, Lhéritier et Emile Deschamps). *Paris, Delaunay,* 1820 ; in-8, demi-rel. chagrin rouge. 10 fr.

15 portraits gravés en taille-douce et plan de la salle des séances.
Ouvrage quelque peu satyrique, conçu dans l'esprit libéral du temps.

3519. Bitaubé. Joseph, par Bitaubé. Sixième édition revue et corrigée. *Paris, Didot aîné,* 1797 ; 2 vol. pet. in-12, veau gris, dos orné, orn. à froid, tr. dor. 20 fr.

9 figures de *Marillier,* gravées par *Née.* Jolie reliure romantique.

3520. Blanc. Histoire de Bavière, qui traite de l'origine des peuples qui les premiers habiterent la Bavière. Par le sieur Blanc. *Paris, Mille de Beaujeu,* 1680 ; 4 vol. in-12, front., mar. rouge, dos orné, fil., tr. dor. (*Rel. anc.*). 80 fr.

Bon exemplaire. Les deux derniers volumes sont aux armes du GRAND DAUPHIN, fils de Louis XIV.

3521. Blanchemain (Prosper). Poèmes et poésies. *Paris, Aubry,* 1866-1875 ; 5 vol. in-8, portr., br. 10 fr.

PAPIER VERGÉ.

3522. Blaze (Elzéar). La Vie militaire sous l'Empire, ou mœurs de la garnison, du bivouac et de la caserne. *Paris,* 1837 ; 2 vol. in-8, demi-rel. veau vert. 8 fr.

Récits très curieux des mœurs militaires du premier Empire. Quelques taches d'humidité.

3523. Boccace. Des Dames de renom. Nouvellement traduict d'italien en langage françoys. *A Lyon, chez Guil. Roville et Thibauld Payen,* 1551 ; in-8 réglé, mar. rouge, dos orné, comp. de fil. et de fers azurés, tr. dor. (*Capé*). 250 fr.

Édition imprimée en partie en lettres italiques, ornée d'un joli titre avec encadrement gravé sur bois.

3524. Boccace. Genealogia de gli Dei i quindeci libri di M. Giovanni Boccaccio sopra la origine et discendenza di tutti gli Dei de'gentili, con la spositione e sensi allegorici delle favole. Tradotti et adornati per Messer Giuseppe Betussi da Bassano, Aggiuntavi la vita del Boccaccio.

Vinegia, Comino da Trino di Monferrato, 1547 ; in-4, vélin à recouvrements (*Rel. anc.*). 50 fr.

Bel exemplaire du premier tirage de cette traduction italienne de la Généalogie des Dieux.

3525. Bodin (Jean). Les Paradoxes du seigneur de Malestroit, conseiller du roy sur le faict des Monnoyes, présentez à sa Majesté, au mois de mars 1566. Avec la response de Jean Bodin auxdicts paradoxes. *Paris, Martin le Jeune,* 1578 ; pet. in-8 de 128 pp., vélin. 20 fr.

Rare petit livre d'économie politique.

3526. Bodin (J.-F.). Recherches historiques sur la ville de Saumur, ses monumens et ceux de son arrondissement. *Saumur, Degouy,* 1812-1814 ; 2 vol. in-8, cart. 15 fr.

Ouvrage orné de figures gravées à l'eau-forte d'après *Bodin.*

3527. Boileau. Œuvres diverses du sieur D*** (Despréaux) avec le traité du sublime et du merveilleux dans le Discours, traduit du grec de Longin. Nouvelle édition revue et augmentée. *Paris, Denys Thierry,* 1694 ; 2 vol. in-12, mar. rouge, dos orné, fil., tr. dor. (*Rel. anc.*). 50 fr.

Édition contenant, outre les anciennes pièces, les épitres X, XI et XII, la satire X sur le mariage, l'*Ode sur la prise de Namur,* etc. Les épitres X, XI et XII forment une partie séparée à la fin du 1er vol. et ont été ajoutées au livre, par l'éditeur, après 1698. On ne connaît qu'un très petit nombre d'exemplaires avec ces ff. complémentaires chiffrés 272-306.

3528. Boileau. Œuvres poétiques, avec des notices par M. Poujoulat. *Tours, Alfred Mame,* 1870 ; gr. in-8, demi-rel. dos et coins de mar. rouge, dos orné, tête dor., *non rogné* (*Masson-Debonnelle*). 50 fr.

Bel exemplaire sur GRAND PAPIER VERGÉ, orné du portrait de Boileau et de 20 vignettes en-tête sur Chine, gravées à l'eau-forte par *V. Foulquier.*

3529. Boileau (l'abbé Jacques). Histoire des Flagellans, où l'on fait voir le bon et le mauvais usage des flagellations parmi les chrétiens, par des preuves tirées de l'écriture sainte. Seconde édition revue et corrigée (par l'abbé J.-J. Granet.) *Amsterdam, Henry du Sauzet,*

1732 ; in-12, veau fauve, dos orné, fil., tr. dor. (*Rel. anc.*).   10 fr.

Livre curieux composé en latin, dont le traducteur français est inconnu. Bel exemplaire.

3530. Bolswert (Boetius a). Le Pèlerinage de deux sœurs Colombelle et Volontairette vers leur bien-aimé dans la cité de Jérusalem. *A Liège et à Lille, chez Jacquez, s. d. ;* in-12, veau.   20 fr.

Traduction française, par Morin, de ce très curieux roman mystique, illustré de figures singulières.

3531. Bombardement (Le) et la machine infernale des anglais contre Saint-Malo en 1693. Récits contemporains en vers et en prose avec figures. *Nantes, Société des bibliophiles bretons,* 1885; in-4, br. 10 fr.

PAPIER VERGÉ.

3532. Bonald (de). Pensées sur divers sujets et discours politiques. *Paris, Le Clere,* 1817 ; 2 vol. in-8, cart.   6 fr.

3533. Bonne. Atlas moderne ou collection de Cartes sur toutes les parties du globe terrestre. *Paris, Lattré et Delalain,* 1872 ; pet. in-fol., cart.   40 fr.

Edition avec une nouvelle numérotation des planches, comprenant un Titre par *Monnet,* un avertissement et une table gravés, 76 cartes par *Bonne, Janvier* et *Zannoni* avec très beaux cartouches par *Marillier, Choffard* et *Arrivet.*

3534. Bonnechose (Emile de). Histoire d'Angleterre, jusqu'à l'époque de la Révolution française. *Paris, Didier,* 1859 ; 4 vol. in-8, demi-rel. chagrin rouge.   12 fr.

3535. Bonnemère (Eugène). Histoire des Paysans depuis la fin du Moyen-âge jusqu'à nos jours. *Paris, F. Chamerot,* 1856 ; 2 vol. in-8, br.   5 fr.

3536. Bonneval (Comte de). Mémoires. Nouvelle édition avec des notes historiques sur les personnages divers et les principaux faits mentionnés dans l'ouvrage, par M. Guyot-Desherbiers, ex-législateur. *Paris, Capelle et Renand,* 1806 ; 2 vol. in-8, br.   8 fr.

3537. Bossuet (Jacques-Bénigne). Discours sur l'Histoire universelle à Mgr. le Dauphin, pour expliquer la suite de la Religion et le changement des Empires. *Paris, Sébastien Mabre-Cramoisy,* 1681 ; in-4, veau.   30 fr.

ÉDITION ORIGINALE.

3538. Bouchet (Guillaume). Les Serées de Guillaume Bouchet, sieur de Broncourt, divisées en trois livres. Dernière édition. *Lyon, Pierre Rigaud,* 1614 ; 3 tomes en 1 vol. in-8, vélin.   40 fr.

3539. Bouchet (Jean). Epistres morales et familières du Traverseur. *A Poictiers, chez Jacques Bouchet, à l'imprimerie à la Celle, et davant les Cordeliers. Et a lenseigne du Pelican par Jehan et Enguilbert de Marnef,* 1545 ; pet. in-fol., mar. rouge, tr. dor. (*Hardy*). 200 fr.

Edition rare et recherchée de ces Epitres très intéressantes pour l'histoire des mœurs en France. On remarque à l'Epistre messieurs de Justice, l'Epistre à gens de tous mestiers et arts mécaniques (barbiers, peintres, orfèvres, etc.), et particulièrement l'Epistre aux imprimeurs dans laquelle Bouchet donne la liste de ses propres ouvrages en engageant les imprimeurs à les publier désormais plus correctement.

3540. Bouchet (Jean). Les Angoysses et remèdes damours du traverseur (J. Bouchet), en son adolescence. *On les vend à Poitiers au Pélican* (A la fin :) *Imprimé à Poictiers, le huytiesme jour de Janvier 1536, par Jehan et Enguilbert de Marnef;* in-4 goth. de 4 ff. lim., 124 pp. (les 23-24 étant doubles) et un f. de privilège, mar. rouge, fil. à froid, milieux, doublé de mar. bleu, dent., tr. dor.   500 fr.

Bel exemplaire de l'ÉDITION ORIGINALE comprenant l'Amoureux transi sans espoir, l'Enfant banny qui aime par honneur, l'Amant secret, la Dame se complaignant et les Angoysses d'amour. Joli bois au verso du 4ᵉ f. lim.

3541. Bouchet (Jean). Les Annales d'Aquitaine, faicts et gestes en sommaires des roys de France et d'Angleterre, pays de Naples et de Milan, augmentées de plusieurs pièces rares et historiques extraictes des bibliothecques et recueillies par A. Mounin. *Poictiers, Abr. Mounin,* 1644 ; in-4, front., veau. 50 fr.

On a ajouté à la suite de cet ouvrage les opuscules suivants : Les Mémoires et recherches de France et de la Gaule aquitanique, du sieur Jean de la Haye, baron des Coutaux... 69 pp. — De l'Université de la ville de Poictiers du temps de son érection... extraict d'un ancien manuscript latin, gardé en la bibliothecque de M' Jean Filleau... 78 pp. — La Preuve historique des litanies de la grande reyne de France saincte Radegonde contenant par abrégé les actions miraculeuses de sa vie tirées des historiens françois par M*re* Jean Filleau. 204 pp. *Poictiers, A. Mounin, 1644.*

Reliure fatiguée.

3542. Bouchet (Jean). Sensuit le Labyrinht (*sic*) de Fortune et Sejour des trois nobles dames. Compose par lacteur des Regnards traversans, et loups ravissans, surnomme le traverseur des voyes perilleuses (Jean Bouchet). *On les vend a Paris en la grant rue saint Jacques.* (A la fin) : *Cy finist le Labrinth de fortune... Nouvellement imprimé par Philippe le Noir, s. d.;* in-4 goth., mar. rouge, dos orné, riches comp. de feuillages sur les plats, tr. dor. (*Belz-Niedrée*). 350 fr.

Exemplaire du château de Mello, recouvert d'une riche et belle reliure.

3543. Bouchet (Jean). Les Triumphes de la Noble et amoureuse Dame, et lart de honnestement aymer. Compose par le traverseur des Voyes perilleuses (Jean Bouchet). *Nouvellement Imprime a Paris, 1541, par Jehan Real.* (A la fin :)... *Et nouvellement imprime a Paris le vingtiesme jour de Febvrier* 1541 ; in-8 goth., mar. rouge, dos orné, fil., tr. dor. (*Duru*). 120 fr.

Très bel exemplaire.

3544. Boudard (André). Mémoires, lettres et pièces authentiques, touchant la vie et la mort de S. A. S. Mgr. Louis-Antoine-Henri de Bourbon-Condé, duc d'Enghien. *Paris, Audin,* 1823 ; in-8, portr., br. 8 fr.

3545. Bourassé (l'abbé). Les Châteaux historiques de la France. Histoire et monuments. Quatrième édition. *Tours, Mame,* 1782 (*sic pour* 1882); in-4, demi-rel. chagr. rouge, plats toile, tr. dor. 6 fr.

Jolies illustrations sur bois.

3546. Bourassé (l'abbé J.-J.). Résidences royales et impériales de France. Histoire et monuments. *Tours, Mame,* 1864 ; gr. in-8, cart. toile, tr. dor. 5 fr.

Figures sur bois.

3547. Bourbon (Ant. de). Lettres d'Antoine de Bourbon et de Jehanne d'Albret, publiées par le M*is* de Rochambeau. *Paris, Loones,* 1877 ; in-8, br. 6 fr.

De la collection de la *Société de l'histoire de France.*

3548. Bournand (François). Les Arts et les grands Artistes de la Renaissance italienne. *Paris, Bernard,* 1886 ; in-8, br. 5 fr.

Gravures d'après les œuvres des grands maitres.

3549. Bouteiller (J.-E.). Histoire complète et méthodique des Théâtres de Rouen. Par J.-E. B. de Rouen. *Rouen,* 1862-1867 ; 3 vol. in-8, br. 9 fr.

3550. Boutell (Ch.). Arms and armour in antiquity and the middle ages. *London,* 1872 ; in-8, fig., cart. 7 fr.

3551. Bouvenne (Aglaüs). Notes et Souvenirs sur Charles Meryon. Son tombeau au cimetière de Charenton-Saint-Maurice. *Paris, Charavay,* 1883 ; in-4, cart., *non rogné.* 8 fr.

Étude sur Meryon artiste et Meryon poète, tirée à 335 exemplaires, illustrée d'un portrait, de 4 eaux-fortes, de 2 reproductions de dessins et d'un fac-simile d'autographe.

3552. Brabantia illustrata sive Castella et prætoria nobilium Brabantiæ cœnobiaque celebriora ad vivium delineata. *Londini, apud Davidem Mortier, s. d.* (*vers 1720*) ; 2 part. en un vol. in-4 oblong, veau. 60 fr.

127 planches par *Harrewyn, Erlinger,* etc. Vues des châteaux, monastères et autres monuments du Brabant.

3553. Brach (Pierre de). Œuvres poétiques de Pierre de Brach, sieur de la Motte-Montussan, publiées et annotées par Reinhold Dezeimeris. *Paris, Aug. Aubry,* 1861 ; 2 vol. in-4 carré, portr., vélin à recouvrements, tête dor., *non rognés.* 30 fr.

Tirage à très petit nombre. Armoiries peintes sur les plats.

3554. Brancaccio (Lelio). I Carichi militari di fra' Lelio Brancaccio. *In Anversa, apresso Joachimo Trognesio,* 1610 ; in-4, mar. vert, dos orné, fil., tr. dor. (*Rel. anc.*). 300 fr.

Première édition illustrée d'un titre et de 5 belles planches gravées en taille-douce. Très bel exemplaire aux armes et au chiffre de Jacques-Auguste DE THOU et de Gasparde DE LA CHASTRE, sa seconde femme.

3555. Brantôme. Mémoires de Messire Pierre de Bourdeille, seigneur de Brantome, contenans les anecdotes de la Cour de France sous les rois Henry II, François II, Henry III et IV, touchant les Duels. *Leyde, Jean Sambix, 1722* ; pet. in-12; veau. 4 fr.

Ce volume complète les Œuvres de Brantôme publiés par les Elzevier. Haut. : 132 mm.

3556. Brazier. Histoire des petits Théâtres de Paris, depuis leur origine. *Paris, Allardin, 1838;* 2 vol. in-16, br. 6 fr.

Taches.

3557. Brissot. Mémoires de Brissot sur ses Contemporains et la Révolution française, publiés par son fils, avec des notes et des éclaircissemens historiques par M. F. de Montrol. *Paris, Ladvocat, 1830-1832* ; 4 vol. in-8, br. 15 fr.

3558. Brizeux (A.). Les Bretons, poème. *Paris, Paul Masgana, 1845* ; in-8, cart., *non rogné (Pierson)*. 6 fr.

ÉDITION ORIGINALE.

3559. Brocéliande, ses chevaliers et quelques légendes, recherches publiées par l'éditeur de plusieurs opuscules bretons (le baron Aimé-Marie-Rodolphe du Taya). *Rennes, Vatar, 1839* ; in-8, br. 10 fr.

GRAND PAPIER VERGÉ.

3560. Brongniart (Alex.). Traité des arts céramiques, ou des poteries considérées dans leur histoire, leur pratique et leur théorie, par Alex. Brongniart. Deuxième édition, revue par Alphonse Salvétat. *Paris, Bechet, 1854* ; 2 vol. in-8 et un album in-4 oblong, demi-rel. mar. brun, tête dor., *non rognés (Belz-Niedrée)*. 45 fr.

Bel exemplaire.

3561. Brunet (Gustave). Fantaisies bibliographiques. *Paris, Gay, 1864;* in-12, br. 10 fr.

PAPIER DE HOLLANDE tiré à 250 exemplaires.

3562. Bruzen de la Martinière. Histoire de la vie et du règne de Louis XIV, roi de France, rédigée sur les mémoires de feu M. le comte de *** (attribuée au P. de la Mothe, dit de La Hode, ex-jésuite), publiée par Bruzen de la Martinière. *La Haye, J. van Duren, 1740-1742* ; 5 vol. in-4, bas. marbr., dos orné, tr. peig. 30 fr.

Cet ouvrage renferme la reproduction de toutes les médailles commémoratives frappées sous Louis XIV.

3563. Budget (Le) de Henri III, ou les premiers Etats de Blois, comédie historique, précédée d'une dissertation sur la nature des guerres qu'on a qualifiées guerres de Religion dans le XVIᵉ siècle (par le comte Rœderer). *Paris, Bossange, 1830*; in-8, br. 6 fr.

3564. Bullet. Dissertations sur difrens sujets de l'Histoire de France. *Besançon, Charmet, 1759* ; in-8, demi-rel. mar. brun, tête dor., *non rogné (Thivet).* 7 fr.

Dissertations sur les fleurs de lis ; sur les supports des armes de nos rois ; sur le bleu ; sur la main de justice ; sur Mont-Joye-S.-Denis ; sur l'oriflamme ; sur les noms des françois, etc.

3565. Buonfiglio e Costanzo (Gioseppe). Messina, citta nobilissima descritta in VIII libri, nella quale si contengono i suoi primi fondatori, sito, edificii sacri e publichi, porto, fortezze, etc. *Venetia, G. Antonio e Giacomo de' Franceschi, 1606* ; pet. in-4, portr., veau fauve, dos orné, comp. de fil. droits et courbés, tr. dor. (*Rel. anc.*). 100 fr.

Exemplaire aux armes de Léonor d'ESTAMPES, évêque de Chartres.

3566. Bussy-Rabutin. Discours du comte de Bussy-Rabutin à ses enfants, sur le bon usage des adversitez, et les divers evenemens de sa vie. Troisième édition. *Paris, Rigaud, 1701* ; in-12, mar. bleu, fil. à froid, tr. dor. (*Duru*). 20 fr.

Bel exemplaire.

3567. Bussy-Rabutin. Mémoires de S. E. le Comte de Bussy-Rabutin, maréchal des armées de l'Empereur (publiés par le prince de Ligne). *Paris, 1773* ; in-8, veau marbré, dos orné. 8 fr.

A la suite on a relié : Histoire raisonnée des opérations militaires et politiques de la dernière guerre (contre l'Angleterre), par M. Joly de Saint-Valier. *Liège, 1783*. Mouillure aux premiers feuillets.

Et de Livres anciens et modernes

3568. Cabanel (Alex.). Les Mois. Cartons des peintures de l'ancien Hôtel-de-Ville. *Paris, E. Testard, s. d.* ; in-fol., en carton. 40 fr.

> 12 planches gravées au burin par *A. Jacquet*, tirées SUR PAPIER DE CHINE appliqué. Publié à 120 fr.

3569. Cabinet du Roi (Recueil du). Tapisseries de Lebrun et de L. de Chatillon, gravées par Leclerc, représentant les conquêtes de Louis XIV. 31 planches. — Les Plaisirs de l'Isle enchantée, 1673 ; 9 pl. — Relation de la Feste de Versailles, 1679 ; 5 pl. — Divertissements de Versailles, 1676 ; 6 pl. Ens. 4 parties en un vol. in-fol., mar. rouge, dos orné, fil. à la Duseuil, tr. dor. (*Rel. anc.*). 1.500 fr.

> Beau volume renfermant ensemble 51 planches dans une reliure ancienne aux armes et au chiffre de LOUIS XIV.

3570. Cadet-de-Vaux (Ant.-Al.). Dissertation sur le Café ; son historique, ses propriétés, et le procédé pour en obtenir la boisson la plus agréable. *Paris,* 1806 ; in-8, br. 3 fr.

3571. Cæsarius (Joannis). Dialectica Joannis Cæsarii, nunc recens Hermanni Raiiani Welsdalii fructosis scholiis. *Coloniæ Agrippinæ, apud Gualthorum Fabricium et J. Gymnicum,* 1570 ; in-8, vélin estampé (*Rel. anc.*). 20 fr.

> Les plats de la reliure sont décorés de deux sujets tirés de l'écriture sainte, l'un représente l'épisode de Judith, l'autre celui de Jahel. Exemplaire au chiffre de « Johannes Mayer Herbipolitanus studiosus, 1575 ».

3572. Cahier et **Martin.** MONOGRAPHIE DE LA CATHÉDRALE DE BOURGES. *Paris, Poussielgue-Rusand,* 1841-1844 ; in-fol. max. *en feuilles* dans un carton. 500 fr.

> Exemplaire bien complet, illustré de 74 planches, la presque totalité en couleur. Rare.

3573. Callot. Capricci di varie figure di Jacopo Callot, all' Ill. principe don Lorenzo Medici ; In-4 oblong, mar. citron jans. (*Cuzin*). 150 fr.

> Suite de 50 pièces y compris le titre et la dédicace, gravée à l'eau-forte à Florence vers 1617. Elle n'a jamais été numérotée.

3574. Calmet (Dom Augustin). Dictionnaire historique, critique, chronologique, géographique et littéral de la Bible. Enrichi de plus de 300 figures en taille-douce qui représentent les Antiquitez judaïques. Nouvelle édition revue, corrigée et augmentée. *Paris, Emery,* 1730; 4 vol. in-fol., veau. 60 fr.

> Ouvrage très estimé.

3575. Campan (Mme). Mémoires sur la vie privée de Marie-Antoinette, reine de France et de Navarre ; suivis de souvenirs et anecdotes historiques. Cinquième édition. *Paris, Baudouin,* 1823 ; 4 vol. in-12, portr., br. 15 fr.

3576. Campardon (Émile). Madame de Pompadour et la Cour de Louis XV au milieu du XVIIIe siècle. Ouvrage suivi du catalogue des tableaux originaux, des dessins et miniatures vendus après la mort de Mme de Pompadour. *Paris, H. Plon,* 1867 ; in-8, portr., br. 5 fr.

3577. Caractères dramatiques, ou portraits divers du théâtre anglois (par Smith). *Londres, Robert Sayer,* 1770 ; pet. in-8 carré, mar. rouge, dos orné, dent., tr. dor. (*Rel. anc.*). 180 fr.

> 37 belles planches coloriées de costumes dramatiques représentant les acteurs et les actrices anglais les plus célèbres dans leurs principaux rôles.

3578. Carlo Magno. Iunamoramento di Carlo Magno. (*Venetia*) *Zorzo Walch,* 1481 ; in-fol. de 284 ff. à 2 vol. de 48 lignes à la page, car. rom., mar. brun, comp. dor., tr. dor. et ciselée (*Rel. anc.*). 300 fr.

> PREMIÈRE ÉDITION extrêmement rare, sans lieu d'impression, mais imprimée à Venise, où Georges Walch exerçait alors. Le premier f. est blanc et au verso du second se lit en capitales, l'intitulé suivant :
> « *In comenza el primo libro del in amoromento de Carlo Mano. Imperatore de Rome e della sui Paladini Orlando e Rinaldo libro primo.* »
> Ces deux premiers ff. manquent dans notre exemplaire, ainsi que le dernier portant le registre.
> L'achevé d'imprimer placé au verso de l'avant-dernier f. porte :
> *Finis. Zorzo uualch dalemagna del Mcccclxxxi. adi xx de Juio.*
> Dans cette première édition, le poème est divisé en 77 chants, tandis que dans les suivantes il ne l'est plus qu'en 74 ou 72 chants.
> Curieuse reliure italienne du commencement du XVIe siècle.

3579. Caroso. Il Ballarino di M. Fabritio Caroso da Sermoneta, diviso in duo trattati. *Venetia,*

appr. Francesco Ziletti, 1581 ;
in-4, vélin.   150 fr.

> Ce rare traité de la danse est dédié à
> Bianca Capello de Medici ; il est illustré du
> portrait de Caroso, et de belles figures sur
> cuivre par *Giacomo Franco,* d'après les
> dessins de *La Rovère,* représentant cha-
> cune une dame et son cavalier, vêtus de
> riches costumes, dans les attitudes diffé-
> rentes ensignées par l'auteur. — Musique
> de danse.

3580. **Carrosses** (Les) à cinq sols,
ou les omnibus du XVIIe siècle
(publié par L.-J.-N. Monmerqué).
Paris, impr. de Firmin Didot,
1828 ; in-12, demi-rel. mar. rouge,
tête dor., *non rogné.*   4 fr.

3581. **Catalogue** des Vases, Colonnes, Tables de marbre, Figures
de Bronze, Porcelaines de choix,
Laques, meubles précieux, pen-
dules, lustres, bijoux, etc., qui
composent le cabinet de feu M. le
duc d'AUMONT, rédigé par F. Julliot et J. Paillet. *Paris, F. Julliot,*
1782 ; in-8, pl., veau marb. 75 fr.

> 30 planches (mal numérotées), de vases,
> meubles, bronzes, etc.
> Exemplaires avec les prix et le nom des
> acquéreurs.

3582. **Catalogue** des Tableaux qui
composent le cabinet de Mgr le duc
de CHOISEUL, rédigé par F. Boileau.
Paris, de l'impr. de Prault, 1772 ;
in-8, demi-rel. chagr. rouge, tr.
dor.   25 fr.

> Prix d'adjudication.

3583. **Catalogue** des livres de feu
M. CROSAT (sic), Baron de Thiers.
Paris, Saillant et Nyon, 1771 ;
in-8, br.   6 fr.

3584. **Catalogue** des Tableaux, étu-
des peintes, aquarelles, dessins,
gravures, objets d'art et d'ameublement composant l'atelier CHARLES
JACQUE, dont la vente aura lieu les
12-15 novembre 1894. *Paris,* 1894 ;
in-4, br.   15 fr.

> Portrait de Ch. Jacque, et 41 reproduc-
> tions d'œuvres du maître.

3585. **Catalogue** des livres de la
bibliothèque de feu M. MIRABEAU
l'aîné, député et ex-président de
l'Assemblée nationale Constituante,
Paris, Rozet, 1791 ; in-8, br. 4 fr.

3586. **Catalogue** des livres imprimés et manuscrits de M. le
comte de PONT-DE-VESLE, divisé en
deux parties dont la première contient une collection presqu'universelle de pièces de Théâtre. *Paris, Le-
Clerc,* 1774 ; in-8, veau fauve. 15 fr.

> La première partie de cette collection fut
> vendue à l'amiable 15.000 fr. au duc d'Or-
> léans. La seconde dispersée en vente pu-
> blique ; les prix d'adjudication sont indi-
> qués à la marge.

3587. **Catalogue** des livres du cabinet de feu M. RANDON DE BOISSET,
receveur général des finances, dont
la vente se fera le 3 février 1777.
Paris, de Bure, 1777 ; in-12, bas.
(*Rel. anc.*).   10 fr.

> 1450 articles, avec table alphabétique des
> auteurs et prix manuscrits d'adjudication.

3588. **Catalogue** des livres composant la bibliothèque poétique de
M. VIOLLET-LE-DUC, avec des notes
bibliographiques, biographiques et
littéraires. Chansons, fabliaux, contes en vers et en prose. *Paris,
J. Flot,* 1847 ; in-8, demi-rel. veau
gris, dos orné.   7 fr.

> Notes bibliographiques pleines d'érudi-
> tion et d'aperçus ingénieux.

3589. **Caylus** (Comte de). Correspondance inédite avec le P. Pa-
ciaudi, théatin ; suivie de celles de
l'abbé Barthélemy et de P. Mariette avec le même, publiées par
Charles Nisard. *Paris, imp. nationale,* 1877 ; 2 vol. in-8, br.   8 fr.

3590. **Célestine** (la) fidellement re-
purgée et mise en meilleure forme
par Jacques de Lavardin, tragicomédie jadis espagnole composée en
repréhension de fols amoureux...
aussi pour descouvrir les tromperies
des macquerelles et l'infidélité des
meschans et traistres serviteurs. *A
Paris, pour Gilles Robinot,* 1578 ;
in-16 de 12 ff. lim. et 283 pages,
mar. vert, dos orné, fil., tr. dor.
(*Belz-Niedrée.*)   60 fr.

> Exemplaire quelque peu court de marges.
> Cachet sur un feuillet.

3591. **Célestine** (la) tragicomédie,
traduit d'espagnol en françois (par
Jacq. de Lavardin, sieur du Plessis-
Bourrot). Où se voyent les ruses et
tromperies dont les macquerelles
usent envers les fols amoureux.
Dernière édition. *Rouen, Théod.
Reinsart,* 1598 ; in-12, mar. bleu,

dos orné, fil., tr. dor. (*Trautz-Bauzonnet*).   120 fr.

Bel exemplaire de cette rare édition, dans laquelle on a conservé l'épitre datée de 1578.

3592. Cellini (Benvenuto). La Vie de Benvenuto Cellini écrite par lui-même, traduction de Léopold Leclanché. *Paris, Quantin*, 1881 ; gr. in-8, br.   18 fr.

PAPIER VERGÉ. Très bel ouvrage illustré de 9 eaux-fortes par *Laguillermie*, et de reproductions des œuvres du maître.

3593. Cento Favole morali dei piu illustri antichi et moderni autori Greci et latini. Sciete e trattate in varie maniere di versi volgari da M. Gio. Mario Vedizotti. *In Venetia, Giordano Ziletti*, 1570 ; in-4, mar. bleu, dos orné, milieux, tr. dor. (*Hardy*).   250 fr.

PREMIÈRE ÉDITION de ce recueil de fables, illustrée d'un frontispice et de 102 figures sur bois.

L'éditeur, dans une épitre au lecteur, déclare que l'auteur du texte l'est aussi des figures, s'étant adonné à l'art du dessin dès son enfance pour son agrément et sans en faire profession. On pense aussi que le Titien, ami de Vedizotti ne serait pas étranger à cette illustration.

3594. Champagne (la) encore inconnue. Documents curieux et inédits publiés par A. Assier. Nos bons aïeux. — Les Arts et les artistes dans la capitale de la Champagne de 1250 à 1680. *Paris, Champion*, 1876 ; 2 vol. in-8, br.   6 fr.

PAPIER VERGÉ.

3595. Champagne (Thibault, comte de). Les poésies du roi de Navarre, avec des notes et un glossaire françois, précédées de l'histoire des révolutions de la langue françoise depuis Charlemagne jusqu'à saint Louis (par Levesque de la Ravallière). *Paris, Louis Guerin*, 1742 ; 2 vol. pet. in-8, fig., veau fauve, tr. dor. (*Rel. anc.*)   30 fr.

3596. Champfleury. Balzac au Collège. *Paris, Patay*, 1879 ; in-16, br.   4 fr.

3597. Champfleury. Les Bourgeois de Molinchart. *Paris, Locard-Davi*, 1855 ; 3 vol. in-8, cart., *non rognés*.   50 fr.

Envoi autographe de l'auteur à HENRY MURGER. Couvertures conservées.

3598. Champfleury. Histoire des Faïences patriotiques sous la Révolution. *Paris, Dentu*, 1867 ; in-8, demi-rel. chagrin vert, tête dor., *non rogné* (*Champs*).   12 fr.

Figures dans le texte et hors texte.

3599. Champfleury. Ma tante Péronne. *Paris, A. Faure*, 1867 ; in-12, cart., *non rogné*.   4 fr.

ÉDITION ORIGINALE. Couverture conservée.

3600. Chansonnier (le petit) françois, ou choix des meilleures chansons, sur des airs connus. Deuxième édition. *Genève et Paris, Vve Duchesne*, 1780 ; in-12, front., veau. (*Rel. anc.*).   10 fr.

Chansons par Panard, Moncrif, Collé, Voltaire. La Monnaye, abbé de Latteignant, etc.

3601. Chantreau le Febvre. Question historique, si les provinces de l'ancien royaume de Lorraine doivent estre appellées terres de l'Empire. *Paris, Math. Guillemot*, 1644 ; in-8, veau.   8 fr.

3602. Charavay (Et.). A. de Vigny et Charles Baudelaire, candidats à l'Académie française. *Paris, Charavay*, 1879 ; in-8 carré, port., br. 3 fr.

3603. Chartier. Le curial de M. Alain Chartier, secrétaire du Roy Charles septième, où il est amplement traitté de la vie et mœurs des courtisans, des malheurs et calamitez des hommes qui conviennent très bien à cest aage. Reveu et corrigé de nouveau, avec les cottations tant des histoires sainctes que prophanes, par Daniel Chartier, Orléanois, sieur de la Boulardière. *Paris, Pierre Chevillot*, 1582 ; pet. in-8 de 8 ff. prél. et 104 ff., mar. rouge jans., tr. dor. (*Trautz-Bauzonnet*.) 100 fr.

Traduction d'une épitre latine d'Alain Chartier. adressée à son frère en 1430. Daniel Chartier, à qui l'on doit cette édition, y a joint une notice historique sur la vie de son aïeul.

Exemplaire du comte d'AUFFAY et de FIRMIN-DIDOT.

3604. Chassant (Alph.) Nobiliana. Curiosités nobiliaires et héraldiques. *Paris, Aug. Aubry*, 1858 ; in-12, broché.   4 fr.

PAPIER VERGÉ.

3605. Chateaubriant. Mémoires de messire Jean de Laval, comte de

Chateaubriant, écrits par lui-même en 1538, et publiés pour la première fois. (*Genève, Gay*), 1868 ; pet. in-12, demi-rel. dos et coins de mar. bleu, dos orné, tr. dor. 8 fr.

De la collection des *Gayetés françoises*, tiré à 100 exemplaires sur PAPIER VERGÉ.

3606. **Chautard** (J.) L'Isle d'Elbe et les Cent-jours. Livre de la démocratie napoléonienne. *Paris, Ledoyen*, 1851 ; in-8, cart. toile, *non rogné*. 7 fr.

3607. **Chesney** (Charles). Etude de la campagne de 1815. Waterloo. *Bruxelles et Paris*, 1870 ; in-8, cart., br. 4 fr.

3608. **Chevalier** (l'abbé Casimir). Promenades pittoresques en Touraine. Histoire, légendes, monuments, paysages. *Tours, Alf. Mame*, 1869 ; gr. in-8, demi-rel. chagrin rouge, plats toile, tr. dor. 10 fr.

180 gravures sur bois d'après *Karl Girardet et Français*.

3609. **Choiseul-Daillecourt** (Maxime de.) De l'influence des Croisades sur l'état des peuples de l'Europe. *Paris, Tillard*, 1809 ; in-8, cart., *non rogné*. 20 fr.

Curieux cartonnage exécuté par Meslant avec un papier entièrement doré.

3610. **Choix** de petits Romans de différens genres par L. M. D. P. (le marquis de Paulmy), revus, corrigés et augmentés par l'auteur. *Londres et Paris, Gattey*, 1789 ; 2 vol. pet. in-12, demi-rel. mar. rouge, dos orné. (*Noël*). 15 fr.

3611. **Cholières**. Les Contes et discours bigarrez du sieur de Cholières, déduits en neuf matinées (et neuf après-dinées). *Paris, Anth. du Breuil*, 1610 ; 2 vol. in-12, mar. rouge, fil., dos orné, tr. dor. (*Trautz-Bauzonnet*). 225 fr.

Bel exemplaire de ces deux volumes qui se trouvent rarement réunis.

3612. **Chronique** du roy Françoys premier de ce nom, publiée par Georges Guiffrey. *Paris, veuve Renouard*, 1860 ; in-8, br. 6 fr.

De la collection de la *Société de l'histoire de France*.

3613. **Cicéron**. M. Tulli Ciceronis Epistolæ ad Atticum, ad M. Brutum, ad Quintum fratrem, summa

diligentia, castigatæ. Pauli Manutii in easdem epistolas scholia, quibus abditi locorum sensus ostenduntur, cum explicatione castigationum. *Parisiis, ex off. R. Stephani*, 1542 ; in-8 réglé, vélin, tr. dor. 25 fr.

Beau volume parfaitement imprimé. Mouillures.

3614. **Claretie** (Jules). Le Drapeau. *Paris, G. Decaux*, 1879 ; in-4, br. 8 fr.

Edition illustrée de 4 gravures hors texte par *A. de Neuville*, de gravures sur bois d'après *Edmond Morin* et du portrait de l'auteur par *A. Gilbert*. Texte encadré.

3615. **Claretie** (Jules). Histoire de la Révolution de 1870-71. *Paris, librairie illustrée, s. d.* (1875-1876) ; 5 vol. in-8, br. 15 fr.

Ouvrage illustré de nombreuses gravures et portraits sur bois.

3616. **Claretie** (Jules). Monsieur le Ministre. *Paris, Quantin, s. d.* (1886) ; in-8, br. 10 fr.

Dix compositions par *Ad. Marie*, gravés à l'eau-forte par *Wallet*.

3617. **Claretie** (Jules). Œuvres de Jules Claretie. Robert Burat. *Paris, Alphonse Lemerre*, 1885 ; pet. in-12, port., br. 10 fr.

L'un des 19 exemplaires sur PAPIER DE CHINE.

3618. **Clarke** (Mary-Anne). Les Princes rivaux ou mémoires de mistress Mary-Anne Clarke, favorite du duc d'York, écrits par elle-même, où l'auteur dévoile le secret des intrigues du duc de Kent contre le duc d'York son frère. Traduits de l'anglais (par Dauxion-Lavaisse). *Paris, Buisson*, 1813 ; in-8, portr., br. 8 fr.

3619. **Clément** (Pierre). Histoire de Colbert et de son administration par Pierre Clément. *Paris, Didier*, 1874 ; in-8, br. 2 vol. br. 7 fr.

3620. **Clément** (de Vebron). Les Borgia. Histoire du pape Alexandre VI, de César et de Lucrèce Borgia, par l'abbé Clément (de Vebron). *Paris*, 1882 ; in-8, br. 4 fr.

Ouvrage illustré de 4 portraits reproduits d'après les originaux.

3621. **Colardeau**. Œuvres choisies. Nouvelle édition. *Paris, Janet et*

Cotelle, 1825; in-8, veau vert, dos orné, double fil., tr. marbré 10 fr.

Figure de *Desenne*, gravée sur acier et tirée sur Chine.

3622. **Collection** des anciens Poètes français. *Paris, Coustelier*, 1723-1724; 10 vol. in-12, veau mar. 50 fr.

Poésies de Coquillart. — Poésies de G. Crétin. — Poésies de G. Marot. — Œuvres de Villon. — Légende de maistre Pierre Faifeu. — La Farce de maistre Patelin. — Œuvres de Racan, 2 vol. — Poésies de Martial de Paris, dit d'Auvergne, 2 vol.

3623. **Commines**. Les Mémoires de Messire Philippe de Commines, sr d'Argenton. Dernière édition. *Leide, les Elzeviers*, 1648; pet. in-12, titre gravé, mar. bleu, fil. à froid, tr. dor. (*Lortic*). 110 fr.

Jolie édition, admirablement exécutée et fort recherchée (Willems, *les Elzeviers*, n° 634).

Bel exemplaire. Haut. 130 mil.

3624. **Connétable** (le) de Bourbon, tragédie en cinq actes (par le comte Jac.-Ant.-Hipp. de Guibert). *Paris* (*Didot l'aîné*), 1785; pet. in-12, mar. vert, dos orné, fil., tabis, tr. dor. (*Rel. anc.*). 40 fr.

Ouvrage rare tiré à 50 exemplaires seulement. Très bel exemplaire dans une jolie reliure très fraîche.

3625. **Coras** (Jean de). Arrest mémorable du parlement de Tolose, contenant une histoire prodigieuse d'un supposé mari, advenue de nostre temps, enrichie de cent et onze belles et doctes annotations. *Lyon, Barth. Vincent*, 1596; pet. in-8, demi-rel. mar. bleu. 10 fr.

Ouvrage très rare. Quelques mouillures.

3626. **Cornazano**. Proverbs in Jets or the tales of Cornazano (xvth century). Literally translated into English, with the Italian text. *Paris, Liseux*; in-16 de 240 pp., br. 12 fr.

One of the most agreeable collections of Tales bequeathed us by Italy, so rich in this kind of literature. The idea of taking ordinary proverbs and assigning them, by means of amusing stories, quite an unexpected origin, is most ingenious indeed. These short and pleasant Tales will be read with the greatest interest: they possess all the charm of those of Boccaccio, together with the keenness of Poggio's *Facetiæ*.

3627. **Corneille**. Théâtre de P. Corneille, avec des commentaires et autres morceaux intéressans. *S. l.*, 1776; 10 vol. in-8, front. et fig., veau marbré, dos orné. 50 fr.

Figures de *Gravelot*.

3628. **Corneille** (Pierre). Œuvres, suivies des œuvres choisies de Th. Corneille, avec les notes de tous les commentateurs. *Paris, Firmin Didot*, 1880; 2 vol. gr. in-8, portr., br. 9 fr.

3629. **Corrozet** (Gilles). La fleur des antiquitez de la noble et triumphante ville et cité de Paris publiée sur l'édition de 1532 par le bibliophile Jacob. *Paris*, 1874; in-12, br. 4 fr.

3630. **Cosquin** (Emmanuel). Contes populaires de Lorraine, comparés avec les contes des autres provinces de France et des pays étrangers. *Paris, Vieweg* (1886); 2 vol. in-8, br. 12 fr.

3631. **Costumes** des Representans du peuple, membres des deux conseils, du Directoire exécutif, des ministres, et autres fonctionnaires, dont les dessins ont été confiés au citoyen Grasset S. Sauveur, gravées par le cit. Labrousse. *Paris, Deroy*, 1796; in-8, br. 20 fr.

Frontispice et 15 figures en taille-douce coloriées avec texte explicatif. — Mouillures.

3632. **Crébillon** fils. Tanzaï et Néadarné, histoire japonaise. *A Pékin* (*Paris*), 1758; 2 vol. pet. in-12, veau marbré (*Rel. anc.*). 8 fr.

Satire dirigée contre la duchesse du Maine. Ornée de jolies figures (manque les 2 fig. libres).

3633. **Crétin**. CHANTS ROYAULX, oraisons et aultres petitz traictez faictz et composez par feu de bonne memoire maistre Guillaume Cretin, en son vivant chantre de la Saincte Chapelle royale à Paris et tresorier du bois de Vincennes. (A la fin :) *Imprimé à Paris, par maistre Simon Du Bois pour Galliot du Pré, libraire de l'Université dudict lieu l'an 1527, le 25e jour dapvril*; in-8 goth., mar. rouge, dos orné, fil., doublé de mar. bleu avec guirlande de feuillages, tr. dor. (*Thibaron-Joly*). 450 fr.

Édition la plus recherchée, où se trouve, parmi les pièces liminaires, l'épître dédi-

catoire de Charbonnier à la reine de Navarre.
Bel exemplaire en superbe condition.

3634. Crétineau-Joly (J.). Charette, drame politique. Poésies vendéennes et mélanges. *Paris,* 1833 ; in-8, br.   3 fr.

3635. Croÿ (Duc de). Mémoires du duc de Croy sur les Cours de Louis XV et de Louis XVI, publiés par M. le vicomte de Grouchy. *Paris* (1897) ; in-18, br.   12 fr.

3636. Culte et loix d'une société d'hommes sans Dieu (par Sylvain Maréchal). *S. l., l'an 1er de la raison, VI de la république française ;* in-8 de 64 pp., demi-rel. dos et coins de mar. vert, tête dor.   8 fr.
Très curieux statuts d'une société dont le culte était basé sur la seule vertu.

3637. Cuneus et **Basnage.** La République des Hébreux, où l'on voit l'origine de ce peuple, ses loix, sa religion, son gouvernement tant ecclésiastique que politique ; ses cérémonies, ses coutumes, ses progrez, ses révolutions, sa décadence et enfin sa ruine. *Amsterdam, P. Mortier,* 1705 ; 3 vol. — Antiquitez judaïques, ou remarques critiques sur la République des Hébreux. *Amsterdam, Châtelain,* 1713 ; 2 vol. Ens. 5 vol. in-12, mar. rouge, dos orné, fil., tr. dor. (*Rel. anc.*). 100 fr.
Nombreuses planches et cartes. Très bel exemplaire dans une reliure ancienne très fraîche.

3638. Damhoudère. Le Refuge et garant des pupilles, orphelins et prodigues : traité fort utile et nécessaire à tous légistes, praticiens, justiciers et officiers, orné de figures convenables à la matière. Autheur Messire Josse de Damhoudère. *Anvers, Jean Bellere,* 1567 ; in-4, fig., veau brun. (*Rel. anc.*).   100 fr.
Ce traité juridique est orné du portrait de Damhoudère et de plusieurs belles et curieuses figures gravées sur bois.
Milieux avec le monogramme d'un M. Taron, qui a apposé sa signature sur l'une des gardes du volume.

3639. Dampmartin (A.-H.). Mémoires sur divers événemens de la Révolution et de l'émigration. *Paris, Hubert,* 1825 ; 2 vol. in-8, demi-rel. bas.   7 fr.

3640. Danet. L'Art des Armes, ou la manière la plus certaine de se servir utilement de l'épée, soit pour attaquer, soit pour se défendre. *Paris, Hérissant,* 1766 ; in-8, demi-rel. mar. vert, tête dor., *non rogné.*   40 fr.
Portrait, frontispice et 33 planches par *Vacillière* gravées par *Taraval.* — Taches à plusieurs ff.

3641. Dangeau (Marquis de). Abrégé des Mémoires ou journal du Marquis de Dangeau, extraits du manuscrit original, avec des notes historiques et critiques et un abrégé de l'histoire de la Régence par Mme de Genlis. *Paris, Treuttel et Würtz,* 1817 ; 4 vol. in-8, br. 12 fr.

3642. Danican (Auguste). Les Brigands démasqués ou mémoires pour servir à l'histoire du temps présent. *Londres, J. Deboffe,* 1796 ; in-8, portr., br.   8 fr.
Curieux portrait de Barras ayant une guillotine pour armoiries. Piqûres de vers.

3643. Dareste. Histoire de la Restauration. *Paris, E. Plon,* 1879 ; 2 vol. in-8, br.   6 fr.

3644. Dareste de la Chavanne. Histoire de l'administration en France et des progrès du pouvoir royal, depuis le règne de Philippe-Auguste, jusqu'à la mort de Louis XIV. *Paris,* 1848 ; 2 vol. in-8, br.   8 fr.

3645. Daudet (Alphonse). Tartarin sur les Alpes. Nouveaux exploits du héros tarasconnais. Illustrée d'aquarelles par Aranda, de Beaumont, Montenard, de Myrbach, Rossi. Gravure de Guillaume frères. *Paris, Calmann-Lévy,* 1885 ; in-8, br.   6 fr.
Edition du Figaro.

3646. Delacroix. L'Œuvre complet d'Eugène Delacroix, peintures, dessins, gravures, lithographies, catalogué et reproduit par Alfred Robaut, commenté par Ernest Chesneau. Ouvrage publié avec la collaboration de Fernand Calmettes. *Paris, Charavay,* 1885 ; in-8 réglé, portr., br.   22 fr.
Nombreuses vignettes reproduisant l'œuvre du maître.

3647. Delafosse. Nouvelle iconologie historique, ou attributs hiéro-

Et de Livres anciens et modernes

gliphyques, par Jean-Charles Delafosse, architecte. *Paris, J.-F. Ché-
reau,* 1771 ; demi-rel. mar. rouge,
tr. marb.   250 fr.

> Rare recueil bien complet comprenant outre le texte gravé, 1 titre, 1 frontispice et 108 planches de modèles de vases, de trophées, de cheminées, de cartels, de fontaines, de pendules, de consoles et autres sujets.
> Exemplaire en parfait état de conservation.

3648. **Delaporte**. Recherches sur la Bretagne. *Rennes,* 1819 ; 2 vol. in-8, demi-rel.   6 fr.

3649. **Delepierre** (Octave). Supercheries littéraires, pastiches, suppositions d'auteur dans les lettres et dans les arts. *Londres, Trübner,* 1872 ; pet. in-8, br.   5 fr.

3650. **Deleuze**. Histoire du magnétisme animal. *Paris, Belin-Leprieur,* 1819 ; 2 vol. in-8, demi-rel. basane.   7 fr.

> Ouvrage favorable au Mesmerisme, dans lequel l'auteur a analysé les ouvrages pour et contre le magnétisme.

3651. **Delille**. Œuvres complètes avec les notes de Parseval-Grandmaison, de Feletz, de Choiseul-Gouffier, Aimé Martin, Descuret, etc. *Paris, Firmin-Didot,* 1880 ; gr. in-8 à 2 col., portr., br.   6 fr.

3652. **Delille** (Jacques). Paradis Perdu. Nouvelle édition revue et corrigée. *Paris, L. G. Michaud,* 1820 ; 2 tomes en un vol. in-8, veau vert, dos et plats ornés, tr. dor. (*Vogel.*)   30 fr.

> 2 gravures de *Monsiau*, reliure ornée de fers à froid très fraîche.

3653. **Delord** (Taxile). Histoire du second Empire, par Taxile Delord. *Paris, Germer-Baillière,* 1869-1876 ; 6 vol. in-8, demi-rel. mar. rouge.   25 fr.

3654. **Demoustier**. Lettres à Emilie sur la Mythologie. *Paris,* 1790-1799 ; 6 vol. in-18, veau marbré, dos orné, tr. dor. (*Rel. anc.*)   25 fr.

> 18 figures de *Quéverdo.*

3655. **Demoustier**. Lettres à Emilie sur la Mythologie. *Paris, Renouard,* 1801 ; 3 vol, in-8, demi-rel. chagrin rouge, *non rognés.*   25 fr.

> Portrait et figures de *Monnet.*

3656. **Demandes** (Les) faites par le roi Charles VI touchant son état et le gouvernement de sa personne, avec les réponses de Pierre **Salmon**, publiées avec des notes historiques d'après les manuscrits de la Bibliothèque du roi, par G.-A. Crapelet. *Paris, impr. de Crapelet,* 1833 ; gr. in-8, fig., mar. rouge, dos orné, fil., tr. dor. (*Masson-Debonnelle*).   45 fr.

> Dix belles planches en noir ; fac-similés de miniatures de manuscrit.

3657. **Demandes** (Les) faites par le roi Charles VI touchant son état et le gouvernement de sa personne, avec les réponses de Pierre Salmon. *Paris, Crapelet,* 1833 ; gr. in-8, br.   9 fr.

> De la collection Crapelet.

3658. **Denis** (Ferd.) **Pinçon** et de **Martonne**. Nouveau manuel de Bibliographie universelle. *Paris, Roret,* 1857 ; 3 vol. in-18, cart., *non rognés* (*Thivet et Durvand.*)   8 fr.

3659. **Denon** (Vivant). Monument des arts du dessin chez les peuples tant anciens que modernes pour servir à l'histoire des arts, décrits et expliqués par Amaury-Duval. *Paris, Brunet-Denon,* 1829 ; 4 vol. in-fol., demi-rel. chagrin vert, *non rognés.*   250 fr.

> 315 planches.

3660. **Denon** (Vivant). L'Œuvre originale de Vivant Denon, ancien directeur général des musées. Collection de 317 eaux-fortes dessinées et gravées par ce célèbre artiste. *Paris, Barraud,* 1873 ; 2 vol. in-fol., fig., demi-rel. dos et coins de mar. brun, tête dor., *non rognés.*   150 fr.

> Exemplaire en GRAND PAPIER DE HOLLANDE, tiré à 48 exemplaires, avec les épreuves des figures montées sur onglets, en double état, noir et sanguine.

3661. **Der Goltz** (baron Colmar von). La Nation armée. Organisation militaire et grande tactique moderne ; traduit par Ernest Jaeglé. *Paris, Hinrichsen,* 1884 ; in-8, br.   5 fr.

3662. **Deric**. Histoire ecclésiastique de Bretagne, par M. Deric. Deuxième édition. *Saint-Brieuc,* 1847 ; 2 vol. in-4, br.   30 fr.

> PAPIER VERGÉ.

Achat de Bibliothèques

3663. Déroute (La), et l'adieu des filles de joye de la ville et faubourgs de Paris, avec leur nom, leur nombre, les particularitez de leur prise et de leur emprisonnement et requeste à M.D.L.V. (Mme de la Vallière). *Jouxte la copie à Paris,* (*Hollande*), 1667 ; pet. in-12 de 33 pp., mar. bleu, dos orné, fil., tr. dor. (*Trautz-Bauzonnet*). 100 fr.

Rare opuscule satirique s'annexant à la collection elzévirienne. (Willems. Les Elz. n°s 1765). — Haut. 127 mm.

3664. Desbordes-Valmore (Mme). Élégies et poésies nouvelles. *Paris, Ladvocat,* 1825 ; in-18, br., couv. 6 fr.

ÉDITION ORIGINALE. Papier vergé.

3665. Descamps. Vie des peintres flamands et hollandais, par Descamps, réunie à celle des peintres italiens et français, par d'Argenville. *Marseille,* 1840-1843 ; 5 vol. in-8, portr., cart ,*non rognés.* 25 fr.

Ouvrage estimé.

3666. Description de l'Egypte ou Recueil des observations et des recherches qui ont été faites en Egypte pendant l'expédition de l'armée française, seconde édition publiée par Panckoucke. *Paris, Panckoucke,* 1821-1829 ; 24 tomes en 26 vol. in-8 et 11 vol. in-fol. de planches, demi-rel. veau bleu 350 fr.

Les volumes de planches se répartissent ainsi : Antiquités 5 vol. — Atlas géographique 1 vol. — Etat moderne 2 vol. — Histoire naturelle 3 vol.
Exemplaire bien complet.

3667. Description des fêtes données par la ville de Paris à l'occasion du mariage de Madame Louise-Elisabeth de France et de Dom Philippe, Infant et grand amiral d'Espagne, les vingt-neuvième et trentième août mil sept cent trente-neuf. *Paris, de l'impr., de P.-G. Le Mercier,* 1740; gr. in-fol., fig. veau marbr., dos orné, tr. dor. (*Rel. anc.*) 100 fr.

Sur le titre une très belle vignette représentant les armes de la ville de Paris, soutenues par des amours, dessinée par *Bouchardon,* gravée par *Soubeyran,* 13 pl. dont 8 doubles, dessinées et gravées par *Blondel,* 22 pp. de texte, avec une jolie vignette dessinée et gravée par *Rigaud.*
Exemplaire aux armes de la VILLE DE PARIS.

3668. Description générale de l'hostel Royal des Invalides établi par Louis le Grand dans la plaine de Grenelle près Paris, avec plans, profils et élévation de ses faces, coupes et appartemens. (Par Le Jeune de Boullencourt). *Paris,* l'auteur, 1683 ; in-fol., front. et pl., veau marbr., dos orné. (*Rel. anc.*) 50 fr.

Cet ouvrage orné des belles planches de *J. Marot,* a été aussi attribué à de la Porte, commissaire des Invalides. — Bel exemplaire:

3669. Desjardins (Tony). Monographie de l'Hôtel de Ville de Lyon, par Tony Desjardins, accompagnée d'un texte historique et descriptif. *Paris, Morel (impr. à Lyon, par L. Perrin),* 1867 ; in-fol., demi-rel. chagrin rouge, dos orné, tête dor., *non rogné.* 70 fr.

Bel exemplaire de ce magnifique ouvrage orné de 76 grandes planches en chromolithographie ou gravées sur cuivre, et de 20 feuilles de texte illustrées de gravures sur bois. Publié à 160 francs.

3670. Des Périers (Bonaventure). Les Contes ou les nouvelles recréations et joyeux devis de Bonaventure des Périers. Nouvelle édition augmentée et corrigée, avec des notes historiques et critiques par M. de la Monnoye. *Amsterdam* (*Paris*), *Z. Chatelain,* 1735 ; 2 vol. in-12, mar. vert, dos orné, fil. tr. dor. (*Capé*). 150 fr.

La plupart des exemplaires de cette édition eurent à subir des retranchements et des modifications dans les notes rédigées par Bernard de la Monnoye. Celui-ci est un de ceux qui échappèrent aux ciseaux du censeur. (Voy. Brunet, II. 643.) Très rare.

3671. Des Portes. Les premières Œuvres de Philippe Des Portes. Dernière édition reveue et augmentée. *Paris, Mamert Patisson,* 1600 ; in-8, réglé, mar. olive, comp. sur le dos et les plats, tr. dor. (*Rel. anc.*) 200 fr.

Bonne édition , parfaitement remboîtée dans une jolie reliure de la fin du XVI° siècle, dont l'ornementation est formée par un semis de marguerites, de tulipes, de pensées et de feuillages, et pouvant être attribuée à l'un des Eve ou à un de leurs émules.

3672. Des Portes (Philippe). Œuvres. *Rouen, impr. de Raphaël du Petit*

Et de Livres anciens et modernes

Val, 1611 ; pet. in-12, mar. rouge, dos orné, fil., tr. dor. (*Cuzin*). 75 fr.

Édition non signalée, publiée sous la date de 1611, par du Petit Val, d'une disposition typographique différente de l'édition connue sous cette date; elle se compose de 675 pp. chiff. (y compris le titre gravé par *Léonard Gaultier*), 20 pp. non chiffr., 5 ff. supplém. pour le *Tombeau de Ph. Desportes*, et un f. blanc. Les pièces de vers et le privilège. n'existent pas dans cette impression.

3673. **Des Réaulx** (Marquise). Le roi Stanislas et Marie Leczinska. *Paris, Plon et Nourrit*, 1895; in-8, br.   5 fr.

4 portraits et fac-similés d'autographes

3674. **Des Vallées-Sernay.** Histoire des Albigeois et gestes de Simon de Monfort. Descrite par F. Pierre des Vallées-Sernay, moine de l'ordre de Cisteaux, et rendue de latin en françois par M. Arnaud Sorbin. *Paris, Guill. Chaudière*, 1569 ; pet. in-8, veau brun, tr. rouge.   30 fr.

Relation d'un témoin oculaire des scènes de cette terrible guerre d'extermination. Edition rare, dédiée par le traducteur au duc d'Anjou, plus tard Henri III. — A la suite se trouve un petit poème qui manque souvent : Allégresse de la France pour l'heureuse victoire obtenue entre Coignac et Chasteauneuf contre les rebelles calvinistes. *Paris, Chaudière*, 1569 ; 8 ff.

L'ensemble du volume a quelques taches et est un peu rogné.

3675. **Detaille** (Edouard). TYPES ET UNIFORMES DE L'ARMÉE FRANÇAISE. Texte par Jules Richard. *Paris, Boussod et Valadon*, 1885-1889 ; in-fol., en livraisons.   900 fr.

Exemplaire sur PAPIER DE HOLLANDE, avec les planches noires et coloriées, AVANT LA LETTRE.

3676. **Detaille** (Edouard). Types et uniformes de l'Armée française. Texte par Jules Richard. *Paris, Boussod et Valadon*, 1885-1889 ; in-fol., en livraisons.   450 fr.

Une des plus belles et des plus exactes publications sur l'armée française.

3677. **Dhetel.** L'abbaye de Notre-Dame-de-Lône et ses succursales de l'ordre de Cluny. Etude historique d'après les documents originaux. *Dijon, Rabutot*, 1864 ; in-8, demi-rel. dos et coins de mar. brun, tête dor., *non rogné.*   8 fr.

Portrait de l'abbé de Rancé et 2 cartes.

3678. **Diable au Corps** (Le), œuvre posthume du docteur Cazzoné (par le Chev. Andréa de Nerciat). *S. l.*, 1803 ; 3 vol. in-8, demi-rel. veau, tr. dor.   250 fr.

EDITION ORIGINALE, tirée sur PAPIER VÉLIN, ornée de 20 jolies et curieuses figures AVANT LA LETTRE.

3679. **Diane de Castro.** (Par Huet, évêque d'Avranches). *Paris, Veuve Coustellier*, 1828 ; in-12, veau fauve.   7 fr.

Aux armes de BERNARD DE BOULAINVILLIERS.

3680. **Dibdin**. Voyage bibliographique, archéologique et pittoresque en France, par le Rév. Th. Frognal Dibdin. Traduit de l'anglais avec des notes, par Théod. Licquet [et Crapelet]. *Paris, Crapelet*, 1825 ; 4 vol. in-8, demi-rel. dos et coins de chagr. brun, tête dor., *non rognés.*   55 fr.

Ouvrage des plus curieux par les appréciations plus ou moins malveillantes sur les hommes et sur les choses que l'auteur rencontra dans son voyage en France.

MM. Licquet et Crapelet, dans cette traduction, ont relevé, dans des notes fort savantes, les erreurs du bibliographe anglais.

Bel exemplaire.

3681. **Dictionnaire** des Girouettes, ou nos contemporains peints par eux-mêmes (par Proisy d'Eppe). *Paris, Emery*, 1815; in-8, cart. 5 fr.

PREMIÈRE ÉDITION de cette spirituelle satire des fonctionnaires et des dignitaires de l'époque.

Frontispice en couleurs.

3682. **Dictionnaire** théorique et pratique de Chasse et de Pesche (par Delisle de Sales). *Paris, Musier*, 1769 ; 2 vol. in-12, bas. 8 fr.

3683. **Diderot**. Œuvres philosophiques de M. D***. *Amsterdam, Rey*, 1772 ; 5 tomes en 4 vol. in-8, demi-rel. dos et coins de veau fauve, tr. peigne.   30 fr.

Le tome V contient les *Bijoux indiscrets.*

Bel exemplaire orné d'un frontispice et de 15 jolies figures non signées.

3684. **Didot** (Firmin). Annibal, tragédie en cinq actes. *Paris, impr. de Firmin Didot*, 1817 ; in-8, br.   4 fr.

3685. **Doctrine** du pere au filz. (A la fin) : *Nouvellement imprimée à Paris, s. d.*, pet. in-8 de 4 ff. non chiffr. — La Contenance de la table. *Nouvellement imprimée à*

Paris, s. d., pet. in-8 de 4 ff. non chiffr. — Les Jours heureux et périlleux de lannee revellez par lange au bon sainct Job. *S. l. n. d.*, pet. in-8 de 4 ff. non chiffr. Ens. en un *Petit* vol. pet. in-8, mar. La Vallière jans., tr. dor. (*Trautz-Bauzonnet*).   350 fr.

> Recueil de trois petites pièces extrèmement rares. Leurs premiers feuillets sont ornés chacun d'un joli petit bois. Les deux premières sont en vers et ont pour sujets : l'une, les conseils de morale d'un père à son fils : l'autre, un traité de civilité à l'usage des enfants admis à la table de leurs parents.
> Bel exemplaire des bibliothèques NO-DIER, YEMENIZ et LACARELLE.

3686. Dolet (Etienne). Le second Enfer d'Etienne Dolet, suivi de sa traduction des deux dialogues platoniciens l'Axiochus et l'Hipparchus. Notice bio-bibliographique par un Bibliophile (G. Brunet). *Paris et Bruxelles*, 1868 ; pet. in-8, br.   4 fr.

> Édition tirée à petit nombre sur PAPIER VERGÉ.

3687. Doppet (Général). Mémoires politiques et militaires. *Paris, Baudouin*, 1824 ; in-8, demi-rel. dos et coins de veau gris, dos orné. 5 fr.

> De la Collection des Mémoires relatifs à la Révolution française.

3688. Doré (Pierre). Les Allumettes du feu divin pour faire ardre les cueurs humains en l'amour de Dieu, où sont declarez les principaux articles et mysteres de la passion de nostre Saulveur Jésus avec des Voyes de Paradis. *Paris, Anthoine Bonnemere*, 1540 ; pet. in-8, mar. rouge, tr. bleue (*Rel. anc.*).   25 fr.

> Édition assez rare. Deux feuillets ont été légèrement brûlés dans le haut de la marge.

3689. Droz (G.). MONSIEUR, MADAME ET BÉBÉ. Edition illustrée par Edouard Morin et ornée d'un portrait de l'auteur en frontispice, gravé par Léopold Flameng. *Paris, V. Havard*, 1878 ; gr. in-8, mar. bleu, gerbe de fleurs en mosaïque de mar. rouge, bleu, vert et citron sur le plat supérieur, doubl. et gardes de soie brochée, tr. dor. sur fausses marges, couv. conserv., étui (*Canape*).   1,000 fr.

> Exemplaire tiré sur PAPIER DE CHINE. Très jolie reliure de Canape.

3690. Drujon (Fernand). Étude de Bibliographie critique et analytique pour servir à l'histoire littéraire. *Paris, Ed. Rouveyre*, 1888 ; 2 vol. in-8, demi-rel. dos et coins de mar. rouge, tête dor., *non rognés*.   15 fr.

> Très bel exemplaire.

3691. Dubois. Aventures de Gourou Paramarta, conte drôlatique indien, traduit par l'abbé Dubois. *Paris, Barraud*, 1877 ; in-8, br.   5 fr.

> Eaux-fortes par *Bernay* et *Cattelain*.

3692. Dubouchet (H. et G.). Zigzags en Bretagne. *Paris, Lethielleux*, 1894 ; in-4, br.   12 fr.

> Figures de *Bertaux, J. Breton, Th. Deyrolle, Français, Le Maire, Le Sénéchal*, etc. — Couverture illustrée.

3693. Du Camp (Maxime). Souvenirs et paysages d'Orient. Smyrne, Ephèse, Magnésie, Constantinople, Scio. *Paris, Arthus Bertrand*, 1848 ; in-8, br.   8 fr.

> Envoi autographe de l'auteur au docteur Achille Flaubert.

3694. Du Châtelet (Marquise). Institution de Physique. *Paris, Prault*, 1740 ; in-8, front., mar. rouge, dos orné, fil., tr. dor. (*Rel. anc.*).   75 fr.

> Ouvrage réputé, analysé par Voltaire, où sont exposés, avec une grande clarté, les principes de Newton, nouveaux alors en France.
> Exemplaire orné de jolies vignettes en-têtes et de planches démonstratives, portant sur l'un de ses feuillets de garde cet envoi de l'auteur : « *Pour Monseigneur le Chancellier* [d'Aguesseau] *de la part de Madame la Marquise du Chastellet.* »

3695. Duclos (l'Abbé). Dictionnaire bibliographique, historique et critique des Livres rares. *Paris, Cailleau*, 1791 ; 2 vol. — Supplément. *Paris, Delalain*, 1802 ; un vol. Ens. 4 vol. in-8, veau marbré. 12 fr.

> Le supplément est l'œuvre de J.-Ch. Brunet, qui plus tard devait étendre et améliorer successivement son travail et en faire le meilleur outil du bibliographe et du libraire.

3696. Dudrézène (Mlle). Les Armoricaines. *Paris, Raynal*, 1833 ; 2 vol. in-8, demi-rel. veau rouge.   6 fr

> ÉDITION ORIGINALE. Envoi d'auteur.

3697. Du Fail (Noël). Les Contes et discours d'Eutrapel, par le feu seigneur de la Hérissaye, gentil-homme breton. *Rennes, Noël Gla-met, de Quimpercorentin*, 1585 ; pet. in-8, mar. rouge jans., tr. dor. (*Trautz-Bauzonnet*).   200 fr.

> Bel exemplaire de la PREMIÈRE ÉDITION contenant un dernier feuillet, avec deux sonnets, qui manque très souvent.

3698. **Du Fouilloux**. La Venerie de Jacques du Fouilloux, seigneur dudit lieu, gentilhomme du pays de Gastine en Poitou. *Paris, Cl. Cra-moisy*, 1628; in-4, fig., cart. 120 fr.

> A la suite : La Fauconnerie de Jean de Franchières.

3699. **Duguay-Trouin**. Mémoires de M. Du Guay-Trouin, lieut.-gé-néral des armées navales. *Ams-terdam, Mortier*, 1748 ; in-12, veau granit. (*Rel. anc.*).   8 fr.

> Très joli portrait et 6 planches, repré-sentant des batailles navales, gravés en taille-douce.

3700. **Du Guesclin**. Histoire de Messire Bertrand du Guesclin, con-nestable de France, duc de Molines, comte de Longueville et de Bur-gos, contenant les guerres, batailles et conquestes faites sur les anglois, espagnols, escrite l'an 1387. Nou-vellement mise en lumière par M° Claude Ménard. *Paris, Séb. Mabre-Cramoisy*, 1618 ; in-4, veau fauve, fil. (*Rel. anc.*).   25 fr.

> Traduction en prose d'une vieille chro-nique en vers.
> Bon exemplaire. Mouillures.

3701. **Du Haillan** (Bernard de Gi-rard). De l'Estat et succez des af-faires de France. Œuvre contenant les choses plus singulières et plus remarquables advenues durant les regnes des Rois de France depuis Pharamond jusques au Roy Louis XI Ensemble une sommaire histoire des seigneurs, comtes et ducs d'An-jou. *Paris, Pierre l'Huillier*, 1571; pet. in-8, vélin à recouv.   30 fr.

> Seconde édition de cet ouvrage qui se consulte toujours avec fruit. — A la suite, du même auteur : *De la fortune et de vertu de la France*, 1571.
> La reliure porte sur ses plats la devise : De Dieu, à Dieu.

3702. **Du Lorens**. Les Satyres de M. Du Lorens, président de Chas-teau-Neuf. *Paris, Antoine de Som-maville*, 1646 ; in-4, mar. bleu, tr. dor. (*Trautz-Bauzonnet*). 250 fr.

> Édition rare de ces satires d'une facture

originale ; elles ont fourni à Boileau quel-ques traits pour plusieurs des siennes.
> Exemplaire de Ch. NODIER, relié depuis la vente de cet amateur, avec son *ex-libris* conservé. Il renferme les pp. 137-138, 183-184 et 203-204 qui manquent souvent.

3703. **Dumas** (Alex.) père. Les Mé-dicis. *Paris, Recoules*, 1845; 2 vol. in-8, br.   10 fr.

> ÉDITION ORIGINALE. Couvertures.

3704. **Dumas** (Alexandre) fils. Un Cas de rupture. *Paris, Quantin*, 1892 ; in-4, br.   30 fr.

> Belle édition épuisée, tirée sur beau PAPIER VÉLIN et illustrée de jolis dessins par *Eugène Courboin*.

3705. **Dumas fils** (Alex.). La Prin-cesse de Bagdad, pièce en trois actes. *Paris, Calmann Lévy*, 1881; in-8, br.   3 fr.

3706. **Dumas fils** (Alexandre). La Question du Divorce. *Paris, Cal-mann Lévy*, 1880 ; in-8, br. 3 fr.

> ÉDITION ORIGINALE.

3707. **Dumont**. Recueil de plusieurs parties d'Architecture de différents maîtres tant d'Italie que de France. (*Paris*, 1765) ; in-fol., bas. 50 fr.

> Ce recueil comprend : 1° Méthode pour accoupler les colonnes, 12 pl. — 2° Paral-lèle d'entablement, 12 pl. — 3° Suite de croisées des plus beaux palais de Rome, 10 pl. — 4° Suite de ruines d'architecture, 24 pl. — 5° Divers morceaux d'architec-ture, 15 pl. — 6° Suite de 6 perspectives et 2 plans. — 7° Trois temples de Pœstum, 7 pl. — 8° Vases, 6 pl. — 9° Parallèle des salles de spectacles d'Italie et de France, 26 pl.
> Ensemble 113 planches.

3708. **Dumouriez** (Général). Mé-moires et correspondance inédits publiés sur les manuscrits auto-graphes. *Paris, Renduel*, 1834 ; 2 tomes en 1 vol. in-8, demi-rel. veau.   8 fr.

3709. **Duplessi-Bertaux**. His-toire de l'Enfant prodigue, en douze tableaux, tirés du Nouveau-Testa-ment, dessinée et gravée par Jean Duplessi-Bertaux. *Paris, P. Didot l'aîné*, 1816 ; in-4, fig., cart. 60 fr.

> Charmantes compositions, avec une ex-plication gravée du sujet, et un texte typo-graphique de l'Ecriture sainte.

3710. **Duplessis** (G.). Histoire de la Gravure en France, par Georges Duplessis. *Paris, Rapilly*, 1861 ; in-8, mar. vert jans., tr. dor. (*Belz*).   25 fr.

> Bel exemplaire.

Achat de Bibliothèques

3711. Du Plessis de Grenédan.
Etat de la Noblesse bretonne dé-
clarée d'ancienne extraction par la
Chambre de Parlement de Bretagne
chargée de la reformation de 1668-
71. *Rennes, Molliex,* 1844 ; in-8,
br., couv. ill.   5 fr.

3712. Dupuy Demportes. Traité
historique et moral du Blason, ouvrage rempli de recherches curieuses et instructives. *Paris, Jombert,* 1754 ; 2 vol. in-12, veau. 7 fr.

3713. Durer (Albert). Œuvre de
Albert Durer. Texte par G. Duplessis. *Paris, s. d. ;* in-fol., demi-rel.
dos et coins de mar. rouge, tête
dor., *non rogné.*   200 fr.
108 planches montées sur onglets.

3714. Dussieux. Généalogie de la
Maison de Bourbon de 1256 à
1869. *Paris, Lecoffre,* 1869 ; in-8,
demi-rel. mar. rouge.   . 8 fr.
Tiré à 300 exemplaires numérotés, sur
PAPIER VERGÉ.

3715. Du Verdier. Les Omonimes,
satire des mœurs corrompues de
ce siècle, par Anthoine du Verdier,
homme d'armes de la compagnie
de M. le Seneschal de Lyon. *Lyon,
Antoine Gryphius,* 1572 ; in-4 de
12 ff., mar. bleu, dos orné, fil., tr.
dor. (*Bauzonnet-Trautz*). 150 fr.
ÉDITION ORIGINALE de ce singulier
poème dont chaque vers se termine par
un homonyme du dernier mot du vers
précédent.

3716. Du Verdier (Antoine). LA
PROSOPOGRAPHIE ou description des
personnes insignes, enrichie de plusieurs effigies et réduite en quatre
livres, par Antoine du Verdier.
Lyon, Ant. Gryphius, 1573 ; in-4
réglé, fig., mar. olive, dos orné,
fil., tr. dor. (*Rel. anc.*).   800 fr.
Belle reliure contemporaine du livre,
aux armes de Jacques D'AUMONT. maréchal
de France en 1579, mort à la suite de ses
blessures le 29 août 1595 à 73 ans : les
plats et le dos sont semés d'un chiffre
formé d'un I et d'un A.

3717. Éloge de l'Enfer, ouvrage cri-
tique, historique et moral. *La
Haye, P. Gosse,* 1759 ; 2 vol in-12,
cart. toile, *non rognés.*   15 fr.
Frontispice et curieuses figures de *G.
Sibelius.*
Cet ouvrage est attribué au libraire Jean-
Frédéric Bernard.

3718. Encyclopédie militaire, par
une société d'anciens officiers et de
gens de lettres, ouvrage pério-
dique (publié par Duvernois).
Aoust 1771. *Paris, Lacombe,* 1771 ;
in-12, mar. rouge, dos orné, fil.,
tr. dor. (*Rel. anc.*).   120 fr.
Bel exemplaire aux premières armes du
comte d'ARTOIS, plus tard Charles X.

3719. Entrée de Charles IX à Paris.
le 6 mars 1571. *Paris, A. Aubry,*
1858 ; in-8, mar. rouge, dos orné,
double fil., tête dor., éb. (*Thomas*).   18 fr.
Un des 50 exemplaires de la réimpression de l' « Hymne triomphal » de Jacques
Prevosteau, chartrain.

3720. Entrée. L'Entrée pompeuse
et magnifique du Roy Louis XIV
en sa bonne ville de Paris, par N.
I. T. *Paris, impr. A. Cotinet,*
1649 ; in-4 de 8 pp., mar. rouge,
tr. dor. (*Petit*).   30 fr.
Plaquette en vers. Rare. Armes royales
sur les plats de la reliure.

3721. Épinay (Mme d'). Mémoires et
correspondances où elle donne des
détails sur ses liaisons avec Duclos,
J.-J. Rousseau, Grimm, Diderot,
le baron d'Holbach, S.-Lambert,
Mme d'Houdetot et autres personnages célèbres du XVIIIe siècle.
Troisième édition. *Paris, Volland,*
1818; 3 vol. in-8, br.   12 fr.

3722. Erasme. L'Éloge de la Folie,
traduit du latin d'Erasme par M.
Gueudeville. Nouvelle édition, revue et corrigée. *S. l. (Paris),*
1757 ; in-12, veau.   10 fr.
Frontispice et 13 jolies figures d'*Eisen.*

3723. Erasme. DES. ERASMI ROTHE-
RODAMI PARAPHRASIS IN NOVUM
TESTAMENTUM, videlicet in quatuor
Evangelia et Acta apostolorum.
Parisis, apud Galeotum a Prato,
1540 ; 6 parties en 4 vol. in-16,
mar. rouge, dos orné, fil., tr. dor.
(*Rel. anc.*).   1.500 fr.
Charmante édition illustrée de délicates
figures sur bois.
Très bel exemplaire dans une très jolie
reliure de Royet. aux armes et au chiffre
de Dominique SÉGUIER, évêque de Meaux.

3724. Escouchy. Chronique de Mathieu d'Escouchy. Nouvelle édition
revue sur les manuscrits et publiée
avec notes et éclaircissements, par
G. du Fresne de Beaucourt. *Paris,*

Et de Livres anciens et modernes

Renouard, 1863-1864 ; 3 vol. in-8, cart., *non rognés.* 15 fr.

Papier vergé. De la collection de la *Société de l'histoire de France.*

3725. Espagnac (Baron d'). Histoire de Maurice, comte de Saxe, duc de Courlande, maréchal-général des camps et armées de S. M. très-chrétienne. Nouvelle édition. *Paris, Saillant et Nyon,* 1775 ; 2 vol. in-12, br. 4 fr.

Signature du marquis de Coislin sur les titres.

3726. Espion (l') de Thamas Kouli-Kan dans les Cours de l'Europe, ou lettres et mémoires de Pagi-Na^csir-Bek. Traduit du persan par l'abbé de Rochebrune. *Cologne, E. Kinkius,* 1746 ; in-12, front., veau, dos orné (*Rel. anc.*). 10 fr.

Aux armes du duc de Richelieu.

3727. Estienne (Henri). Apologie pour Hérodote ou traité de la conformité des merveilles anciennes avec les modernes. Nouvelle édition, faite sur la première, augmentée de tout ce que les postérieures ont de curieux et de remarques par M. Le Duchat. *La Haye, H. Scheurleer,* 1735 ; 2 tomes en 3 vol. in-12, front., veau marbré, dos orné, fil. (*Rel. anc.*). 30 fr.

3728. Europe (L') esclave, si l'Angleterre ne rompt ses fers. Nouvelle édition. (Par Jean-Paul, comte de Gerdau). *Cologne, Jean l'Ingénu,* 1689 ; pet. in-12 de 72 pp., cart., *non rogné.* 7 fr.

3729. Évangiles (Les) des dimanches et fêtes de l'année, suivis de prières à la Sainte Vierge et aux Saints. Texte revu par M. l'abbé Delaunay, curé de S.-Etienne-du-Mont. *Paris, Curmer, s. d. ;* 2 vol. gr. in-4, mar. rouge jans., doublé de tabis vert, tr. dor. 400 fr.

Très belle publication dont le 1er volume a été entièrement illustré de chromolithographies reproduisant les plus belles miniatures et les plus beaux encadrements des anciens livres d'heures manuscrits.

Le second volume consacré à l'appendice, est relié en demi-rel. mar. rouge avec plats en toile.

3730. Fabert. L'Histoire des ducs de Bourgogne par M. de Fabert. *Cologne, Pierre Marteau,* 1687 ; in-12, veau fauve, dos orné (*Rel. anc.*). 8 fr.

Histoire des ducs de Bourgogne depuis Philippe-le-Hardi jusqu'à Charles-Quint.

3731. Fable (la) de Christ dévoilée, ou lettres du muphti de Constantinople à Jean Ange Braschy (Pie VI), muphti de Rome. *Paris, impr. de Franklin, l'an II* (1794) ; in-8, cart. 3 fr.

Ce pamphlet, orné d'une figure allégorique gravée sur cuivre, est généralement attribué à Sylvain Maréchal.

3732. Fables et contes. (Traduits principalement de l'allemand de Gellert, par Boulanger de Rivery). *Paris, Duchesne,* 1754 ; in-12, cart. 5 fr.

Vignette de titre et 3 vignettes en-tête par *Eisen.* — Le faux-titre manque.

3733. Fables inédites de XIIe, XIIIe et XIVe siècles, et fables de La Fontaine rapprochées de celles de tous les auteurs qui avoient, avant lui, traité les mêmes sujets, précédées d'une notice sur les fabulistes par A.-C.-M. Robert. *Paris, Etienne Carbin,* 1825 ; 2 vol. in-8, demi-rel. chagrin vert. 25 fr.

Portrait de La Fontaine, 90 figures en taille-douce et fac-similés d'écriture.

3734. Fabre d'Églantine. Œuvres mêlées et posthumes de Ph. Fr. Naz Fabre d'Eglantine. *Paris, Vve Fabre d'Eglantine, an XI* (1803) ; 2 tomes en un vol. in-8, portr., bas., dos orné. 7 fr.

3735. Falbaire de Quingey. Œuvres. *Paris,* 1768-1776 ; 2 vol. in-8, cart. toile. 25 fr.

L'Honnête criminel, drame en 5 actes, 1768 ; 5 fig. de *Gravelot.* — L'Ecole des mœurs, drame en 5 actes, 1776. — Les Deux Avares, comédie en 2 actes, 1770 ; front. de *Gravelot.* — Le Fabricant de Londres, drame en 5 actes, 1771 ; 5 fig. de *Gravelot.* — Articles imprimés dans l'Encyclopédie.

3736. Falconet (Etienne). Œuvres d'Etienne Falconet, statuaire, contenant plusieurs écrits relatifs aux Beaux-Arts. *Lausanne,* 1781 ; 6 vol. in-8, veau, dos orné (*Rel. anc.*). 15 fr.

3737. Fastes (Les) de Louis XV, de ses ministres, maîtresses, généraux et autres notables personnages de son règne (par Bouffonidor).

Londres, 1787 ; 2 tomes en un vol. in-12, bas. **8 fr.**

3738. Farce (la) de Maitre Pathelin, comédie du moyen âge arrangée en vers modernes par Georges Gassies des Brulies. *Paris, Delagrave, s. d.* ; in-8, br. **12 fr.**

Seize compositions en taille-douce hors texte par *Boutet de Monvel*.

3739. Fauchet (Claude). Sermon sur l'accord de la Religion et de la Liberté prononcé dans la métropole de Paris, le 4 février 1791. (*Paris*); *impr. du Cercle Sociale* (1791) ; in-8 de 32 pp. br. **5 fr.**

On a inséré au début de cette brochure, une note manuscrite, appréciation violente du sermon de Fauchet, qui avait parue dans « l'Ami du Roi » du 11 août 1791.

3740. Fauvelet du Toc. Histoire des Secrétaires d'Estat, contenant l'origine, le progrès et l'établissement de leurs charges, avec les éloges, les armes, blasons et généalogies de tous ceux qui les ont possédés jusqu'à présent. *Paris, Ch. de Sercy*, 1668 ; in-4. veau. **20 fr.**

Grandes armoiries gravées sur bois.

3741. Favyn (André). Le Théâtre d'honneur et de chevalerie, ou l'histoire des ordres militaires des roys et princes de la chrestienté et leur généalogie. *Paris, Robert Fouet*, 1620 ; 2 vol. in-4, demi-rel. veau fauve. **45 fr.**

Belles figures en taille-douce.

3742. Félibien (Michel). Histoire de l'abbaye royale de Saint-Denis en France, contenant la vie des abbez qui l'ont gouvernée. *Paris. Léonard*, 1706 ; iu-fol., veau. **25 fr.**

Figures dans le texte et hors texte.

3743. Félica ou mes fredaines (par Andréa de Nerciat). Avec figures. *Paris*, 1795 ; 4 tomes en 2 vol. in-12, veau, *non rognés.* **200 fr.**

L'une des plus charmantes productions du siècle dernier. Jolies figures en taille-douce non signées.

3744. Féminies. Huit Chapitres inédits dévoués à la Femme, à l'Amour, à la Beauté, par Gyp, Abel Hermant, Henri Lavedan, Marcel Schwob et Octave Uzanne. *Paris, Imprimé pour les Bibliophiles Contemporains*, 1896 ; in-8, mar. citron, compositions de tiges de bluets en mosaïque de mar. vert,

la Vallière, grenat et bleu sur le dos et les plats, doubl. et gardes de soie brochée, double encadr. de 3 fil. à l'intér., tr. dor. sur fausses marges, couv. conserv., étui (*Canape*). **800 fr.**

Ouvrage tiré à 183 exemplaires numérotés et non mis dans le commerce.

Illustré de 1 frontispice en couleurs par *Kratké* et de 8 frontispices dessinés et gravés à l'eau-forte par *Félicien Rops*, en 2 états : en noir avec remarque et imprimés en couleurs à la poupée.

Encadrements en couleurs et vignettes dans le texte par *Rudnicki*.

3745. Fénelon. Les Aventures de Télémaque, fils d'Ulysse. Nouvelle édition conforme au ms. original. *Leide, Wetstein; Amsterdam, Chatelain*, 1761 ; in-fol., demi-rel. dos et coins, veau brun. **75 fr.**

Très belle édition, illustrée d'un frontispice par *Picart;* d'un portrait de Fénelon par *Vivien*, de 24 figures par *Debrie, Dubourg et Picart* et de 24 vignettes par *Dubourg*.

3746. Fénelon. Les Aventures de Télémaque. (*Paris*), *de l'impr. de Monsieur (Didot)*, 1785 ; 2 vol. in-4, mar. rouge, dos orné, fil., tabis, tr. dor. (*Rel. anc.*). **400 fr.**

Bel exemplaire, dans une bonne reliure ancienne, de cette édition renfermant 72 jolies figures de *Monnet*, gravées par *Tilard* et 24 planches au burin, donnant le sommaire des chapitres.

3747. Fénelon. Les Aventures de Télémaque, fils d'Ulysse. *Paris, de l'imprim. de P. Didot l'ainé*, 1796 ; 4 vol. in-18, fig., mar. citron, dos orné, dent., tr. dor. (*Rel. anc.*). **100 fr.**

Portrait de Fénelon d'après *Vivien*, gravé par *Gaucher*, et 24 ravissantes figures de *Queverdo*, gravées par *Dambrun, Delignon, de Launay, Gaucher et Villerey*. Bel exemplaire sur papier vélin, avec les figures AVANT LA LETTRE.

La reliure du tome Ier est plus moderne et diffère quelque peu des autres volumes.

3748. Fénelon. Les Aventures de Télémaque, fils d'Ulysse. Avec des notes. *Paris, Ancelle*, 1798 ; 2 vol. in-4, basane. **15 fr.**

25 figures en taille-douce gravées d'après *Monnet*.

3749. Fénelon. Directions pour la Conscience d'un Roi, composées pour l'instruction de Louis de France, duc de Bourgogne. *La Haye, Jean Neaulme*, 1747 ; in-8, veau fauve. (*Rel. anc.*). **8 fr.**

Bel exemplaire grand de marges.

Et de Livres anciens et modernes

3750. **Fénelon**. Éducation des Filles, par M. l'abbé de Fénelon. *Paris, Pierre Aubouin*, 1687 ; in-12, veau. 10 fr.

ÉDITION ORIGINALE.

3751. **Fénelon**. Explications des Maximes des Saints sur la vie intérieure par Messire François de Salignac-Fénelon. *Paris, Aubouin*, 1697 ; in-12, veau brun. 18 fr.

ÉDITION ORIGINALE.

3752. **Ferrand** (David). Inventaire général de la Muse normande, divisée en XXVIII parties. Où sont descrites plusieurs Batailles, Assauts, Prises des Villes, Guerres estrangeres, Victoires de la France, Histoires comiques, Esmotions populaires, Grabuges, et choses remarquables arrivées à Roüen depuis quarante années. Par David Ferrand. *Et se vendent à Rouen, chez l'autheur*, 1655 ; pet. in-8, mar. orange, fil., dos orné, tr. dor. (*Trautz-Bauzonnet*). 300 fr.

Exemplaires, avec témoins, d'un recueil très rare de curieuses poésies normandes.

3753. **Ferrari** (J.). Histoire des Révolutions d'Italie, ou Guelfes et Gibelins. *Paris, Didier*, 1858 ; 4 vol. in-8, demi-rel. chagrin rouge. 16 fr.

3754. **Fertiault** (F.). Histoire anecdotique et pittoresque de la Danse chez les peuples anciens et modernes. *Paris, Aubry*, 1854 ; in-16, br., couv. 4 fr.

3755. **Fête publique** donnée par la ville de Paris à l'occasion du Mariage de Monseigneur le Dauphin, le 13 février 1747. *Paris*, 1747 ; in-fol., veau marbré, dos orné, tr. dor. (*Rel. anc.*). 180 fr.

Très bel ouvrage entièrement gravé, exécuté à l'occasion du second mariage de Louis de France avec Marie-Josèphe de Saxe. Il est ornementé d'encadrements à toutes les pages, d'un frontispice avec portraits du Dauphin et de la Dauphine, et de 7 planches doubles, représentant les chars et le feu d'artifice.
Bel exemplaire aux armes de la VILLE DE PARIS.

3756. **Feu** (le) royal et magnifique qui s'est tiré sur la Rivière de Seine vis à vis du Louvre, en présence de leurs Majestez, par ordre de Messieurs de Ville, pour la Res-

jouyssance de l'entrée du Roy et de la Reine, le 29 Aoust 1660. *Paris, Loison*, 1660 ; in-4 de 8 pp., mar. rouge, tr. dor. (*Petit*). 25 fr.

Armes royales sur les plats de la reliure.

3757. **Feuillet** (Mme Octave). Quelques années de ma vie. *Paris, Calmann Lévy*, 1894, in-8, br. 5 fr.

3758. **Feuillet des Conches**. Histoire de l'école anglaise de peinture. *Paris, Leroux*, 1882 ; gr. in-8, br. 6 fr.

3759. **Figuier** (Louis). Les Mystères de la Science. *Paris, libr. illustrée* (1887); 2 vol. in-4, br. 15 fr.

Autrefois. — Aujourd'hui.
Nombreuses figures sur bois.

3760. **Figuier** (Louis). Tableaux de la Nature. *Paris, Hachette*, 1866-1883 ; 6 vol. gr. in-8, fig., demi-rel. chagr. rouge, tête dor., *non rognés*. 30 fr.

Vie des animaux. — Poissons, reptiles et oiseaux. — Les Mammifères. — La Terre et les mers. — Histoire des plantes. — La terre avant le déluge.
Jolies figures sur bois.

3761. **Fleury** (Claude). Les Devoirs des Maîtres et des Domestiques. *Paris, P. Aubouin*, 1688 ; in-12, mar. Lavallière jans., tr. dor. (*Hardy-Mennil*). 35 fr.

ÉDITION ORIGINALE. Ce livre, exécuté par les presses de Laurens Rondet, fut achevé d'imprimer le 20 décembre 1687.

3762. **Foé** (Daniel de). La Vie et les avantures surprenantes de Robinson Crusoé, contenant entre autres événemens, le séjour qu'il a fait pendant vingt et huit ans, dans une isle déserte, située sur la côte de l'Amérique, près de l'embouchure de la grande rivière Oroonoque. Le tout écrit par lui-même. Traduit de l'anglois (de Daniel de Foé, par Saint-Hyacinthe et Van Effen). *Amsterdam, L'Honoré et Châtelain*, 1720-1721 ; 3 vol. in-12, mar. rouge, fil., dos orné, tr. dor. (*Trautz-Bauzonnet*). 225 fr.

Très bel exemplaire de l'ÉDITION ORIGINALE de cette traduction, ornée de figures par *Bernard Picart*.

3763. **Folard**. Abrégé des Commentaires de M. de Folard, sur l'histoire de Polybe. Par M*** (de Chabot), mestre de camp de cavalerie. *Paris*, 1754; 3 vol. in-4, veau. 35 fr.

111 belles planches en taille-douce.
On y joint : *Mémoires militaires sur les Grecs et les Romains pour servir de suite à l'histoire de Polybe, du chevalier Folard.* Paris, 1760, 2 tomes en 1 vol., veau.

3764. Fontenay-Mareuil (Marquis de). Mémoires de Messire du Val Marquis de Fontenay-Mareuil, Maréchal des camps et armées du Roy, publiés pour la première fois par L. J. V. Monmerqué. *Paris, Foucault*, 1826; 2 vol. in-8, br. 5 fr.

3765. Forster (Ernest). Monuments d'architecture, de sculpture et de peinture de l'Allemagne , depuis l'établissement du Christianisme jusqu'aux temps modernes. *Paris, Morel*, 1859-1867 ; 8 vol. in-4, demi-rel. dos et coins de chagr. Lavallière, dos orné, tête dor., *non rognés*. 200 fr.

Ouvrage rare et recherché, comprenant : Architecture, 4 vol. — Sculpture, 2 vol. — Peinture, 2 vol. avec 390 planches gravées en taille-douce.

3766. Fournaris. Angélique, comédie de Fabrice de Fournaris, Napolitain, dit le Capitaine Cocodrille, comique confident, mis en françois , de langue italienne et espagnole, par le sieur L. G. *Paris, Abel l'Angelier*, 1599 ; in-8, mar. citron, fil. à froid, tr. dor. (*Rel. anc.*). 45 fr.

Bel exemplaire provenant de la bibliothèque SOLEINNE. Pièce rare.

3767. Fournel (Victor). Les Artistes français contemporains. Peintres, sculpteurs. *Tours , Alfr. Mame*, 1884 ; in-8, br. 14 fr.

10 eaux-fortes d'après *Delacroix, Ingres, Fromentin, Decamps, Troyon*, etc., et 176 gravures dans le texte.

3768. Fournier (Édouard). L'Art de la Reliure en France aux derniers siècles. *Paris, Gay*, 1864 ; in-12, br. 10 fr.

PAPIER VERGÉ tiré à 300 exemplaires.

3769. Fournier (Edouard). L'Esprit dans l'Histoire. Recherches et curiosités sur les mots historiques. Troisième édition , 1867 ; in-12 br. 5 fr.

3770. Fournier-Verneuil. Paris, tableau moral et philosophique.

Paris, 1826 ; in-8, demi-rel. mar. rouge, dos orné. 8 fr.

Ouvrage aussi spirituel que satirique.

3771. Foy (Général). Discours, précédés d'une notice biographique par M. P. F. Tissot. *Paris, Moutardier*, 1826 ; 2 vol. in-8, demi-rel. veau fauve, dos orné. 6 fr.

2 portraits.

3772. Franklin (Alfred). La Vie privée d'autrefois. Arts et métiers, modes, mœurs, usages des Parisiens du XIIe au XVIIIe siècle d'après des documents originaux ou inédits. *Paris, Plon et Nourrit*, 1889-1895 ; 5 vol. in-12, br. 12 fr.

Les Repas. — Ecoles et collèges. — Les Magasins de nouveautés. — L'Enfant : la naissance, le baptême.

3773. Froissart. LE PREMIER (LE SECOND, LE TIERS ET LE QUART) VOLUME DE FROISSART , lequel traicte des choses dignes de memoires advenues tant es pays de France, Angleterre, Flandres, Espaigne que Escoce et autres lieux circonvoisins. — (A la fin :) *Imprime a Paris par Anthoine Couteau, imprimeur, pour Galliot du Pre libraire, et fut acheué dimprimer le deuxiesme jour de Septembre lan mil cinq cens trente* (1530) ; 4 tomes en 3 vol. in-fol. goth. à 2 col., mar. bleu jans., tr. dor. (*Duru*). 600 fr.

Bel exemplaire grand de marges.

3774. Fulgose. Contramours. L'Anteros, ou contramour, de messire Baptiste Fulgose , jadis duc de Gennes. Le dialogue de Baptiste Platine, gentilhomme de Crémonne, contre les folles amours. Paradoxe contre l'Amour. (Traduit par Thomas Sibilet). *Paris , Martin le jeune*, 1581 ; pet. in-4, mar. Lavallière jans., tr. dor. (*David*). 60 fr.

Rare et curieux volume. Le Paradoxe contre l'amour est de la composition du traducteur.

3775. Fulvio (Andrea). L'Antichita di Roma. Con le aggiuntioni e Pannotationi di Girolamo Ferrucci. *Venetia, Girolamo Francini*, 1588; in-8, vélin. 10 fr.

Figures des monuments de Rome, gravées sur bois et insérées dans le texte.

Et de Livres anciens et modernes

3776. Funérailles de Guillaume-Charles-Henri-Friso, prince d'Orange et de Nassau, célébrées le 4 février 1752. Dessiné par P. van Cuyk junior et gravé sur cuivre par J. Punt. *La Haye*, 1755 ; in-fol., cart., *non rogné.*   75 fr.

Cet ouvrage, dont le titre ci-dessus est en hollandais, a été rédigé dans cette langue avec traduction française en regard. Il est illustré de 41 planches dont la composition rappelle à la fois Meissonier et Gavarni (dit Vinet dans sa bibliographie des Beaux-Arts, n° 640) par la bonhomie de certains des personnages et le comique sérieux des autres.
Bel exemplaire.

3777. Galerie de Dresde. Recueil d'estampes, d'après les plus célèbres tableaux de la Galerie royale de Dresde, avec une inscription en italien et en français. *Dresde*, 1753-1757 ; 2 parties en 2 vol. gr. in-fol., cart.   200 fr.

Recueil contenant 101 pièces dont le portrait en pied d'Auguste III, roi de Pologne et électeur de Saxe, gravé par *Balechou* d'après *H. Rigaud.* Belles épreuves.

3778. Galerie de l'Hermitage, gravée au trait d'après les plus beaux tableaux qui la composent. Avec la description historique par Camille de Genève. Ouvrage approuvé par S. M. Alexandre Ier et publié par F. X. Labensky. *Saint-Pétersbourg*, 1805-1809 ; 2 vol. in-4, mar. brun, dos orné, comp. dorés et à froid.   200 fr.

Portraits de Catherine II et d'Alexandre Ier : 75 gravures au trait, avec texte explicatif en français, des tableaux de cette collection célèbre.
Bel exemplaire, imprimé sur PAPIER WHATMAN.

3779. Galerie (La) des États généraux. — La Galerie des Dames françaises, pour servir de suite à la galerie des Etats généraux par le marquis J.-P.-L. de Luchet, le comte de Mirabeau, P.-A.-F. Choderlos de Laclos et le comte de Rivarol). *S. l.*, 1789-1790 ; 3 parties en un vol. in-8, demi-rel. mar. rouge, tête dor.   50 fr.

« Cet ouvrage, dit Barbier, a été distingué de la foule des brochures qui ont paru en 1789 et en 1790 ; les portraits qu'il contient sont en général tracés avec autant de talent que d'impartialité. »
Exemplaire bien complet auquel on a ajouté le *Supplément à la Galerie de l'Assemblée nationale.*

3780. Galerie du Palais-Royal, gravée d'après les Tableaux des différentes-Écoles qui le composent. Avec un Abrégé de la Vie des Peintres et une Description historique de chaque tableau par de Fontenay (Morel, etc.). *Paris, J. Couché et Laporte*, 1786-1808 ; 3 vol. gr. in-fol., demi-rel. basane, *non rognés.*   350 fr.

Titre, fleuron et 355 estampes d'après les tableaux des peintres et exécutés d'après les dessins de *Wicar* et autres, gravés par *Aliamet, Delignon, Delvaux, Duplessi-Bertaux, Le Mire, de Longueil, Massard, Patas, Saint-Aubin*, etc.
Très bel exemplaire entièrement non rogné.
Les prospectus de publication ont été conservés.

3781. Galerie électorale de Dusseldorff, ou catalogue raisonné et figuré de ses tableaux. *Basle, Ch. de Méchel*, 1778 ; 2 vol. in-4, demi-rel. veau rose.   80 fr.

30 pl. contenant 365 petites estampes gravées d'après ces mêmes tableaux par *Chrétien de Méchel.*
Ouvrage intéressant, la Galerie Dusseldorf ayant été détruite dans un incendie.

3782. Gambogi. Trattato sulla scherma. Opera del conte Michele Gambogi, antico militare italiano. Adorna di Figure incise pa Giuseppe Rados. *Milano, dalla tipografia, di Ranieri Fanfani*, 1837 ; in-4 obl., cart.   35 fr.

Traité d'escrime orné d'un portrait et de 56 planches sur cuivre.

3783. Ganneron (Edmond). La Cassette de saint Louis, roi de France, donnée par Philippe le Bel à l'abbaye du Lis. Reproduction en or et en couleur, accompagnée d'une notice historique et archéologique. *Paris, J. Claye.* 1855 ; in-fol., demi-rel. mar. bleu, tête dor., *non rogné.*   30 fr.

Six planches en couleurs.

3784. Gantez. L'entretien des musiciens, par le s[r] Gantez. Publié d'après l'édition rarissime d'Auxerre, 1643, avec préfaces, notes et éclaircissements, par Ernest Thoinan. *Paris, Claudin*, 1878 ; in-8, front., demi-rel. dos et coins de mar. rouge, tête dor.   15 fr.

Un des 100 exemplaires en GRAND PAPIER DE HOLLANDE. Frontispice en noir avant et avec la lettre en bistre et en rouge.

Achat de Bibliothèques

3785. **Garnier**. Les Tragédies de Robert Garnier, conseiller du Roy, lieutenant général criminel au siège présidial et sénéschaussée du Maine. *Rouen, impr. de Raphaël du Petit Val*, 1599 ; in-12, mar. rouge, dos orné, fil., tr. dor. (*Bauzonnet-Trautz.*) 120 fr.

Édition rare renfermant les tragédies de *Porcie, Cornélie, Marc-Antoine, Hyppolyte, La Troade, Antigone, Les Juifves* et *Bradamante*. — Contrairement au dire de Brunet les huit dernières pages sont occupées par le *Tombeau de Ronsard*, élégie en vers.

3786. **Gaucheraud**. Histoire des comtes de Foix de la 1re race. Gaston III dit Phœbus. *Paris, A. Levavasseur*, 1834 ; in-8, pl., cart. 8 fr.

3787. **Gauchet**. Les Plaisirs des Champs, divisé en quatre parties, selon les quatre saisons de l'année, par Cl. Gauchet, Dapmartinois. Où est traicté de la chasse, et de tout autre exercice récréatif, honneste et vertueux. *Paris, Nic. Chesneau*, 1583 ; in-4, mar. rouge jans., tr. dor. (*Trautz-Bauzonnet*). 500 fr.

Première édition de ce poème. Elle contient plusieurs passages facétieux qui n'ont pas été reproduits dans l'édition suivante. La seconde partie est consacrée entièrement à la chasse : chasse du lièvre, du loup, du cerf, du sanglier, etc.
Très bel exemplaire de ce livre rare.

3788. **Grille** (François). Miettes littéraires, biographiques et morales, livrées au public avec des explications. *Paris, Ledoyen,* 1853 ; 3 vol. in-12, br. 7 fr.

Mouillures.

3789. **Guéroult** (Guillaume). Le premier livre des Emblèmes, composé par Guillaume Guéroult. — Second livre de la Description des animaux, contenant le blason des Oyseaux, composé par Guillaume Guéroult. *Lyon, Balthazar Arnoullet*, 1550 ; pet. in-8, fig., mar. bleu, dos orné, entrelacs de fil. sur les plats, tr. dor. (*Niedrée.*) 500 fr.

Chacune des deux parties contient 72 pages.
Bel exemplaire à toutes marges d'un ouvrage rare et recherché pour ses jolies figures sur bois. Elégante reliure.

3790. **Hervieux de Chanteloup.** Nouveau traité des Serins de Canarie, contenant la manière de les élever et les appareiller pour en avoir de belles races. *Paris, J. Saugrain,* 1745 ; in-12, veau. 5 fr.

3791. **Heures.** Ces présentes Heures a lusaige de Romme sont au long sans requerir. *Et ont este faictes pour Symon vostre libraire : demeurant a Paris a la rue Neuve Nostre dame a l'enseigne sainct Jehan levangeliste, par Philippe Pigouchet, s. d.* (Calendrier de 1502 à 1520) ; in-4, velours rouge, tr. dor. 6000 fr.

Magnifique exemplaire des plus belles Heures imprimées par Pigouchet pour Simon Vostre. Ces heures comprennent 98 feuillets de vélin ornés de 24 belles figures, sans comprendre le titre et l'homme anatomique, et sont encadrées à toutes les pages de bordures historiées représentant l'histoire de Joseph, la vie de la Vierge, la vie de Jésus, l'histoire de Suzanne, l'Enfant prodigue, la Danse des morts en 66 sujets avec quatrains en Français. les Vertus cardinales, les sybilles, etc. Les deux derniers ff. sont occupés par l'Horloge de la Passion en vers français.
Cet exemplaire très grand de marges mesure 250 m. de hauteur. Toutes les capitales et rubriques ont été finement peintes en or et en couleurs.

3792. **Heures**. A la louenge de Dieu et de la tressaincte et glorieuse vierge Marie : et a ledification de tous bons catholiques, ont esté commencées ces presentes heures a lusaiges de Romme tout au long sans riens requerir. Avec ung commun antiennes, suffrages, et oraisons de plusieurs sainctz et sainctes selon ledit usaige : et plusieurs aultres comme on en verra en la table. *Imprimées a Paris par Gillet Hardouyn libraire demourant au bout du pont nostre Dame, devant sainct Denis de la chartre a l'enseigne de la Rose.* (Almanach de 1513 à 1529) ; in-8 de 88 ff., caract. goth., mar. brun, dos orné, fil., compart. d'arabesques et de feuillages, coins dorés, doublé de mar. vert, tr. dor. (*Capé, Masson-Debonnelle*) sr 1,500 fr.

Exemplaire imprimé sur vélin contenant : 18 grandes figures peintes et 32 petites également peintes dans le texte. Les lettres majuscules ont été dorées et coloriées.

3793. **Heures à l'usaige de Romme** toutes au long sans requerir. *Nouvellement imprimées à Paris, pour Guillaume Godard, demourant sur le pont au change.*

(*Almanach de* 1524 à 1533) ; gr. in-8 de 88 ff., veau fauve, dos orné, entrelacs de fil., tr., dor. (*Rel. anc.*)   1,000 fr.

Beau livre d'heures imprimé en lettres gothiques sur papier.

Son illustration conçue dans un esprit tout différent des autres livres d'heures de cette époque, comprend quinze grands sujets gravés sur bois à pleine page : *S. Jean, la Trahison de Judas, l'Arbre de Jessé, la Salutation angélique, la Visitation, la Crucifixion, la Pentecôte, la Nativité, l'Annonciation aux bergers, l'Adoration des Mages, la Présentation, la Fuite en Egypte, le Couronnement de la Vierge, le roi David et la Résurrection de Lazare ;* et de larges et curieuses bordures à fond noir pointillé, aux compositions diverses : citons entre autres une « Danse des morts », représentée d'une façon tout à fait originale.

Superbe exemplaire d'une conservation parfaite, dans sa reliure du XVI⁰ siècle, exécutée dans le genre de celles ayant appartenu à Grolier, et portant sur le premier plat le nom de son propriétaire primitif : HIERONIMUS FIORAVENTIUS.

3794. Histoire de la Conjuration de Louis - Philippe - Joseph d'Orléans, premier prince du sang, surnommé Egalité par l'auteur de l'histoire de Maximilien Robespierre (de Montjoye). *Paris,* 1796 ; 3 vol. in-8, portr., cart., *non rognés.*   12 fr.

PREMIÈRE ÉDITION.

3795. Homère. Les XXIII livres de l'Iliade d'Homère. Traduits du grec en français, les XI premiers par Hugues Salel et les XIII derniers par Amadis Jamyn. Avec les trois premiers livres de l'Odissée. *Paris, Abel l'Angelier,* 1599 ; in-12 allongé, mar. bleu, dos orné, fil., tr. dor. (*Capé*).   120 fr.

Exemplaire d'une traduction réputée et peu commune.

3796. Hommage rendu à la Rose par les poètes anciens et modernes ; précédée de l'histoire de cette reine des fleurs chez tous les peuples. *Paris, (Impr. de Didot.) s. d.* (1817) ; in-16 carré, br.   12 fr.

Recueil de poésies par Dorat, Parny, Voltaire, Favart, Colletet, Ausone, Anacréon, etc., illustré de jolies figures de roses par *Mlle Prudhomme,* finement coloriées.

3797. Hugo (Victor.) Les Misérables. *Paris, Pagnerre,* 1862 ; 10 vol. in-8, br.   35 fr.

Rare exemplaire de l'ÉDITION ORIGINALE, sur PAPIER VERGÉ TEINTÉ vert clair. Ces exemplaires n'ont jamais été mis en vente par l'éditeur.

3798. Imbert. Historiettes ou nouvelles en vers. Seconde édition, revue, corrigée et augmentée par l'auteur. *Amsterdam et Paris, Delalain,* 1774 ; in-8, mar. rouge, jans., tête dor.   60 fr.

Titre gravé, une figure et 4 vignettes par *Moreau le Jeune,* gravés par *Née* et *Masquelier.*

3799. Isographie des Hommes célèbres, ou collection de fac-simile de lettres autographes et de signatures, exécutée et imprimée par Th. Delarue, lithographe, sous les auspices de MM. Bérard, de Chateaugiron, Duchesne, Tremisot et Berthier. *Paris, Delarue,* 1843 ; 4 vol. in-4, demi-rel. mar. violet.   80 fr.

Cet important recueil renferme environ 850 fac-similés d'autographes avec préface des éditeurs, et une table alphabétique en 38 pp. indiquant les prix atteints dans les ventes publiques depuis 1820 jusqu'à l'époque de la publication des pièces de personnages figurant dans l'Isographie.

3800. Jacobinéïde (La), poème héroï-comi-civique (par François Marchant). *Paris, au bureau des Sabats jacobites,* 1792 ; in-8, cart., *non rogné.*   15 fr.

12 figures satiriques très curieuses.

3801. Jacquemart (Albert) et Edm. **Le Blant.** Histoire artistique, industrielle et commerciale de la Porcelaine, accompagnée de recherches sur les sujets et emblèmes qui la décorent, les marques et inscriptions qui font reconnaître les fabriques d'où elle sort. *Paris, J. Techener,* 1861 ; un tome en 3 parties gr. in-4, br.   50 fr.

20 planches gravées à l'eau-forte par *Jules Jacquemart.*

3802. Jamyn (Amadis). Les Œuvres poétiques d'Amadis Jamyn. Au roy de France et de Pologne. *Paris, Rob. Le Mangnier,* 1575 ; pet. in-4, réglé, mar. rouge, dos et milieux ornés de feuillages, tr. dor. (*Cuzin*).   250 fr.

PREMIÈRE ÉDITION, rare, d'une exécution typographique remarquable. Très bel exemplaire.

3803. Jamyn (Amadis). Œuvres poétiques avec sa vie par Guillaume

Colletet d'après le manuscrit in-
cendié au Louvre et une introduction par Charles Brunet. *Paris,*
1879 ; 2 vol. in-12, br.   6 fr.

3804. Jardin des Plantes (le).
Description complète, historique et
pittoresque du Museum d'histoire
naturelle, de la Ménagerie, des
serres, des galeries de minéralogie
et d'anatomie, et de la vallée suisse.
Par MM. P. Bernard, L. Couailhac,
Gervais et Emm. Lemaout. *Paris,
Curmer,* 1842 ; 2 vol. gr. in-8,
demi-rel. veau, *non rognés.* 35 fr.

> Nombreuses illustrations dans le texte
> dont plusieurs sont coloriées.
> Très bel exemplaire complètement non
> rogné. Quelques taches d'humidité.

3805. Jeaurat. Traité de perspec-
tive à l'usage des artistes. *Paris,
Jombert,* 1750 ; in-4, basane. 15 fr.

> Nombreux culs-de-lampe par *Babel* et
> 100 planches sur cuivre.

3806. Jeu. Estampes pour servir
a la récréation de l'esprit sous
la forme du jeu royal de l'Oye, re-
nouvelé des Grecs, pour l'éducation des jeunes gens de l'un et de
l'autre sexe. *Lesquelles se trouvent
à Paris, chez Crépy, rue St Jacques, à St Pierre. A. P. D. R., s.
d.;* in-fol. contenant 1 titre, un
Avis gravé et 27 planches, le tout
colorié, en un vol. in-fol., mar.
rouge, dos orné, fil. (*Rel. anc.*)
                              1.400 fr.

> Ce volume, aux armes de Louis XIV,
> est renfermé dans une boîte en bois,
> peinte. Dans l'intérieur de cette boîte se
> trouvent peintes les armes du *Grand Dau-
> phin* et à l'extérieur celles de *Louis XIV.*
> Le volume et sa boîte sont contenus dans
> un étui-boîte moderne ayant la forme
> d'un livre, couvert de mar. rouge, avec
> larges dentelles, clous et serrure.
> Les armes de France ont été frappées
> en or sur les plats et sur le dos se trouve
> le titre suivant : *Jeu d'oie des Enfants de
> France.*
> Très curieux ensemble.

3807. Jodelle. Les Œuvres et Mes-
langes poetiques d'Estienne Jodelle, sieur du Lymodin. Reveues
et augmentees en ceste derniere
edition. *Paris, Robert Le Fizelier,*
1583 ; in-12, mar. citron, dos orné,
fil. droits et cintrés, doublé de
mar. rouge, large dent., tr. dor.
(*Trautz-Bauzonnet,* 1858). 600 fr.

> Exemplaire réglé, avec témoins, con-
> forme à la description donnée par Brunet

(III, col. 550) et avec les 10 ff. de pièces
diverses qui ne se trouvent pas dans tous
les exemplaires.

3808. Joinville. L'Histoire et Cronique du tres-chrestien roy S.
Loys, IX du nom, et XLIIII. Roy
de France. Escritte par feu messire Jan, Sire, Seigneur de Joinville et Sénéchal de Champagne,
familier et contemporain dudit roi
S. Loys. Et maintenant mise en lumière par Antoine Pierre de Rieus.
*Poitiers, Enguilbert de Marnef,
s. d.* (1547); in-4, mar. rouge, dos
fleurdelisé, tr. dor. (*Trautz-Bauzonnet*).   .   300 fr.

> Edition originale, rare.
> Bel exemplaire auquel on a ajouté un
> portrait de saint Louis, gravé au XVIe
> siècle.

3809. Joinville (Jean, sire de).
L'Histoire de Saint Louis, le Credo
et la lettre à Louis X, avec un texte
rapproché du français moderne mis
en regard du texte original, corrigé
et complété à l'aide des anciens manuscrits et d'un manuscrit inédit
par Natalis de Wailly. *Paris, Adr.
le Clerc,* 1867 ; in-8, br.   10 fr.

> Frontispice en chromolithographie.

3810. Jousse (Mathurin). Le Théâtre de l'art du Charpentier, enrichi
de diverses figures avec l'interpre-
tation d'icelles, faict et dressé par
Mathurin Jousse, de La Flèche. *La
Flèche, Georges Griveau,* 1627 ; pet.
in-fol., demi-rel. veau granit. 20 fr.

> Titre gravé et nombreuses planches
> techniques sur bois insérées dans le texte.
> Bel exemplaire.

3811. Karr (Alphonse). Voyage autour de mon Jardin, par M. Alphonse Karr. Illustré par MM.
Freeman, L. Marvy, Steinheil, Meissonier, Gavarni, Daubigny et Cate-
nacci. *Paris, L. Curmer et V. Le-
cou,* 1851 ; gr. in-8, cart. toile,
fers de l'éditeur, tr. dor.   45 fr.

> Ouvrage illustré d'environ 150 vignettes
> sur bois et de 8 planches coloriées avec
> leur papier de soie.
> Bel exemplaire de premier tirage.

3812. Kerviler (René). Répertoire
général de Bio-Bibliographie bretonne par René de Kerviler, bibliophile breton. *Rennes, Plihon et
Hervé,* 1886-1897 ; 27 fascicules
in-8, br.   60 fr.

> Ces 27 fascicules forment les 9 premiers
> volumes et le commencement du 10e de cet

Et de Livres anciens et modernes

ouvrage d'érudition, en cours de publication, est le plus complet qui ait été entrepris jusqu'à ce jour sur la biographie et la bibliographie bretonnes.

3813. Labarte (Jules). Histoire des Arts industriels au moyen-âge et à l'époque de la Renaissance. *Paris, A. Morel*, 1864-1866 ; 4 vol. in-8 de texte et 2 vol. in-4 de planches, demi-rel. dos et coins de mar. rouge, tête dor., *non rognés*. 300 fr.

Très bel exemplaire de la PREMIÈRE ÉDITION de cet excellent ouvrage, orné de 150 planches en noir et en chromolithographie.

3814. Labarte. Histoire des Arts industriels au moyen âge et à l'époque de la Renaissance, par Jules Labarte. Deuxième édition. *Paris, Vᵉ A. Morel et Cⁱᵉ*, 1872-1875 ; 3 vol. gr. in-4, fig., demi-rel. dos et coins de mar. rouge, tête dor., éb. 175 fr.

Ouvrage orné de planches en chromolithographie, en lithophotographie sur *Chine,* et de vignettes sur bois intercalées dans le texte. — Bel exemplaire.

3814ᵇⁱˢ. Le même. *Paris, Vᵉ Morel*, 1872-1875 ; 3 vol. in-4, fig., br. 140 fr.

3815. La Boëssière. Traité de l'Art des Armes, à l'usage des professeurs et des amateurs. *Paris, impr. de Didot*, 1818 ; in-8, demi-rel. veau. 20 fr.

20 belles planches sur cuivre gravées par *Adam.*

3816. La Borderie, J. Daniel, Perquis et **Tempier.** Monuments originaux de l'Histoire de Saint Yves, publiés pour la première fois. *Saint-Brieuc, impr. Prud'homme*, 1887 ; gr. in-4, fig., br. 50 fr.

Belle publication, tirée à 75 exemplaires sur GRAND PAPIER DE HOLLANDE pour les souscripteurs seuls.

3817. La Bruyère. Les Caractères de Théophraste traduits du grec : avec les caractères ou les mœurs de ce siècle. Neuvième édition. *La Haye. Adrian Moetjens*, 1696 ; in-12, veau. 15 fr.

Rare contrefaçon avec clef, publiée sous la rubrique de la Haye, mais qui a dû être imprimée en France et peut-être bien à Lyon.

3818. La Chaussée (Nivelle de). Œuvres de Monsieur de Nivelle de La Chaussée. Nouvelle édition, corrigée, augmentée de plusieurs piè-

ces qui n'avaient point encore paru. *Paris, Prault*, 1762 ; 5 vol. in-12, mar. vert, dos orné, fil., tr. dor. (*Rel. anc.*). 80 fr.

Bel exemplaire.

3819. Lachenaye-Desbois. Dictionnaire généalogique, héraldique. chronologique et historique, contenant l'origine et l'état actuel des premières maisons de France, des maisons souveraines et principales de l'Europe. *Paris, Duchesne*, 1757-1765 ; 7 vol. pet. in-8, veau. 40 fr.

3820. La Chenaye-Desbois et **Badier.** Dictionnaire de la Noblesse, contenant les généalogies, l'histoire et la chronologie des familles nobles de la France, l'explication de leurs armes et l'état des grandes terres du royaume, etc. Troisième édition entièrement refondue, réimprimée conformément au texte des auteurs. *Paris, Schlesinger*, 1863-1876 ; 19 vol. in-4 en 39 fascicules brochés. 250 fr.

Rare.

3821. La Fayette (Mᵐᵉ de). Histoire de Madame Henriette d'Angleterre, première femme de Philippe de France, duc d'Orléans, par Dame Marie de La Vergne, comtesse de La Fayette. *Amsterdam, Le Cène*, 1720 ; pet. in-8, mar. orange, tr. dor. (*Trautz-Bauzonnet*, 1860). 90 fr.

ÉDITION ORIGINALE.

3822. La Fayette (Mᵐᵉ de). Mémoires de la Cour de France, pour les années 1688 et 1689, par Madame la Comtesse de Lafayette. *Amsterdam, Jean-Frédéric Bernard*, 1731 ; pet. in-8, mar. orange, tr. dor. (*Trautz-Bauzonnet*). 90 fr.

ÉDITION ORIGINALE.

3823. La Fayette (Mᵐᵉ de). Zayde, histoire espagnole, par Monsieur de Segrais (Mᵐᵉ de La Fayette). Avec un traitté de l'origine des romans, par Monsieur Huet. *Paris, Claude Barbin*, 1670-1671 ; 2 vol. in-8, mar. Lavallière, dos orné, fil., tr. dor. (*Hardy-Mennil*). 225 fr.

ÉDITION ORIGINALE. Superbe exemplaire grand de marges ; le deuxième volume est rempli de témoins, il n'a pas été imprimé sur la même justification que le tome Iᵉʳ. Celui-ci mesure 168 mm., le second 161 mm.

Achat de Bibliothèques

3824. La Fontaine. Les Amours de Psyché et de Cupidon, avec le poème d'Adonis par La Fontaine. Edition ornée de fig. dessinées par Moreau le jeune et gravées sous sa direction. *Paris, impr. Didot jeune, an III (1795)* ; in-4, mar. rouge, dos orné, fil., tr. dor. (*Masson-Debonnelle*).   450 fr.

1 portrait d'après *Rigault* gravé par *Audouin* et 8 figures par *Moreau* gravées par *Dambrun-Duhamel, Dupréel, de Ghendt, Halbou, Petit* et *Simonet*.

Bel exemplaire contenant les figures de *Moreau* AVANT LA LETTRE et auquel on a ajouté la suite des 5 figures de *Gérard*, épreuves AVANT LA LETTRE. Plus un portrait de la Fontaine tiré sur Chine et le portrait en médaillon de P. Didot l'ainé par *Wedowood*.

3825. La Fontaine. Les Amours de Psyché et de Cupidon, suivies d'Adonis, poème. *Paris, Leclère fils, 1863* ; 2 vol. in-12, demi-rel. dos et coins de mar. citron, tête dor., *non rognés*.   45 fr.

Exemplaire tiré sur PAPIER VÉLIN contenant les figures dessinées par *Moreau* et gravées par *Delvaux*.

3826. La Fontaine. Contes et nouvelles en vers, par M. de La Fontaine. *Amsterdam, 1764* ; 2 vol. pet. in-8, veau granit, dos orné, fil., tr. dor. (*Rel. anc.*).   80 fr.

La meilleure des imitations de l'édition des fermiers généraux. Elle est illustré du portrait de La Fontaine, de 2 fleurons de titre, 2 en-têtes, 61 culs-de-lampe et 80 figures d'après *Eisen*, dont la plupart portent la signature de *Boilly*.

3827. La Fontaine. CONTES ET NOUVELLES EN VERS. *Paris, impr. de P. Didot l'ainé, 1795* ; 2 vol. in-4, demi-rel. mar. vert, tête dor., *non rognés*.   500 fr.

Exemplaire renfermant les 20 planches dessinées par *Fragonard, Mallet* et *Touzé* et auquel on a ajouté les planches en épreuves AVANT les numéros pour les contes suivants : *Joconde, le Pardon, le Mari confesseur, le Paysan qui avait offensé son seigneur, la Fiancée du roi de Garbe, la Coupe enchantée, le Faucon, le Pâté d'anguille, le Magnifique, la Matrone d'Ephèse, Belphégor, le Glouton, le Baiser rendu* et une planche pour *la Clochette.*

3828. La Fontaine. Fables. Illustrées à l'eau-forte par Delierre. *Paris, Quantin, 1882* ; 2 vol. in-4, en livraisons.   70 fr.

Magnifique édition d'amateurs, tirée à petit nombre et imprimée sur PAPIER A LA CUVE fabriqué spécialement pour cet ouvrage, enrichi d'ornements d'après *Bérain* et publiée en 13 fascicules, contenant chacun un livre illustré de 6 grandes compositions à l'eau-forte, imprimées hors texte, plus 3 planches pour la préface.

3829. La Force (Mlle de). Histoire de Marguerite de Valois, Reine de Navarre. *Paris, impr. Didot l'ainé, 1783* ; 6 vol. in-18, br.   20 fr.

3830. La Harpe. Tangu et Félime, poème en IV chants. *Paris, Pissot, 1780* ; in-8, demi-rel. dos et coins de mar. rouge, tête dor., éb. (*Petit-Simier*).   30 fr.

Titre gravé et 4 figures de *Marillier*, gravées par *Halbou, Dambrun, de Ghendt* et *Ponce*.

3831. La Jessée. Les Premières œuvres françoyses de Jean de La Jessée. *Anvers, Christ. Plantin, 1583* ; 4 tomes en un vol. in-4, portr., mar. bleu, dos orné, double rangée de fil., milieux, tr. dor. (*Niedréc*).   100 fr.

Ce recueil devenu rare, contient la Jeunesse, en 6 livres, et les Mélanges en 7 livres.

Bel exemplaire grand de marges.

3832. Lamartine. Œuvres complètes. *Paris, chez l'auteur, 1862* ; 40 vol. in-8, demi-rel. chagr. vert.   150 fr.

3833. Lanfrey. Histoire de Napoléon Ier. *Paris, Charpentier, 1870* ; 4 vol. in-18, demi-rel. chagr. vert, éb., *non rognés*.   10 fr.

3834. Laplace. Exposition du système du monde. *Paris, Bachelier, 1835* ; in-4, portr., demi-rel. chagrin brun.   20 fr.

3835. Larchey (L.). LES CAHIERS DU CAPITAINE COIGNET (1776-1850) publiés d'après le manuscrit original par Lorédan Larchey, illustrés par J. Le Blant. *Paris, Hachette, 1888* ; in-4, mar. vert foncé, dos orné, encad. de 6 fil. droits et brisés, avec feuillages aux angles, sur les plats, doubl. et gardes de soie rouge cerise, bordure int. de fil. avec couronnes de laurier aux angles, tr. dor. sur fausses marges, couv. conserv., étui (*Canape*). 600 fr.

Un des 25 exemplaires numérotés sur PAPIER DU JAPON auquel on a ajouté 2 DESSINS ORIGINAUX de *J. Le Blant*, ayant servi à l'illustration du livre.

3836. La Sale (Antoine de). Histoire et plaisante cronique du petit Jehan de Saintré, de la jeune Dame des belles Cousines sans autre nom nommer. *Paris, P. Huet*, 1724 ; 3 vol. in-12, veau.　　10 fr.

3837. **La Saussaye.** Blois et ses environs. Troisième édition. *Blois et Paris (Lyon, impr. Perrin)* 1862 ; in-8, mar. brun, dos orné, miliéux dor. et mosaïqués, tr. dor. (*Capé*).　　30 fr.

Très bel exemplaire de cette édition tirée à 100 exemplaires seulement, et ornée de 38 vignettes gravées sur bois.

3838. **Lasserre.** Notre - Dame de Lourdes, par Henri Lasserre. *Paris, Palmé*, 1777 (*sic pour* 1877) ; in-4, fig., mar. rouge, dos orné, fil., tr. dor. (*Bertrand*).　　80 fr.

Édition illustrée d'encadrements variés à chaque page et de chromolithographies, scènes, portraits, vues à vol d'oiseau, cartes et paysages.
Bel exemplaire.

3839. **Laujon.** Les A-propos de Société ou chansons de M. L*** (*Paris*), 1776 ; 2 vol. in-8. — Les A-propos de la folie ou chansons grotesques, grivoises et annonces de parade. (*Paris*), 1776 ; in-8. Ens. 3 vol. in-8, demi-rel. dos et coins de chagr. bleu, dos orné à la grotesque, tr. marbr.　　60 fr.

Charmantes vignettes par *Moreau le jeune*.

3840. **Lauri.** Antiquæ urbis splendor hoc est præcipua ejusdem templa, amphitheatra, theatra, circi, naumachiæ, arcus triumphales, mausolea, etc., imaginum dsscriptio. Opera et industria Jacobi Lauri Romani in æs incisa atque in lucem edita. *Romæ*, 1628-1637 ; 4 part. en un vol. pet. in-fol. oblong, mar. citron, dos orné, comp. de mosaïque de mar. noir, riches dorures, tr. dor. (*Rel. anc.*).　　400 fr.

Ouvrage orné de 166 planches gravées sur cuivre par *J. Lauri*, représentant les anciens monuments de la ville de Rome.
Magnifique reliure aux armes du grand chambellan de l'Empire, Jean-Antoine, prince d'Eggenberg.

3841. **Le Clerc** (Sébastien). Pratiques de la Géométrie, sur le papier et sur le terrain ; où par une méthode nouvelle et singulière l'on peut avec facilité et en peu de tems se perfectionner en cette science. *Paris, Jombert*, 1744 ; in-12, veau marbré.　　15 fr.

Frontispice et planches de géométrie accompagnées de charmantes petites compositions : vues et paysages, gravés en taille-douce.

3842. **Legrand d'Aussy.** Fabliaux ou contes, fables et romans du XIIe et du XIIIe siècle, traduits ou extraits, par Legrand d'Aussy. *Paris, J. Renouard*, 1829 ; 5 vol. in-8, demi-rel. dos et coins de mar. rouge, *non rognés* (*Thivet*). 150 fr.

Très bel exemplaire en GRAND PAPIER VÉLIN. 18 jolies figures par *Moreau le jeune* et *Desenne*, en double état : sur *Chine* AVANT LA LETTRE, et avec la lettre sur blanc.

3843. **Le Moyne** (Pierre). Saint Louis ou la Sainte couronne reconquise. Poëme heroïque, par Pierre le Moyne. *Paris, Aug. Courbé*, 1658 ; in-12, front. et fig., mar. rouge, dos orné, fil., tr. dor. (*Petit-Simier*).　　40 fr.

Frontispice et figures de *Chauveau*.
Bel exemplaire de la PREMIÈRE ÉDITION de ce poème renfermant 17764 vers, parmi lesquels il s'en trouve de fort beaux.

3844. **Le Muet.** Traicté des cinq Ordres d'Architecture desquels se sont servy les anciens. Traduit du Palladio, augmenté de nouvelles inventions pour l'art de bien bastir par le S. le Muet. *Paris, Langlois dit Chartres*, 1645 ; in-8 carré, bas.　　8 fr.

Planches gravées sur cuivre,

3845. **Le Petit** (Jules). L'Art d'aimer les livres et de les connaitre. Lettres à un jeune bibliophile. *Paris*, 1884 ; in-8, front. à l'eau-forte, br.　　6 fr.

PAPIER VERGÉ.

3846. **Lequino.** Guerre de la Vendée et des Chouans, par Lequino, représentant du peuple, député par le département du Morbihan. *Paris, Pougin, an III* (1795); in-8, cart. toile, tête dor., éb.　　5 fr.

3847. **Lescure.** Les Autographes en France et à l'étranger, portraits, caractères, anecdotes, curiosités. *Paris, J. Gay*, 1865; in-8, br. 8 fr.

Un des 50 exemplaires sur PAPIER VERGÉ.

3848. **Lévis** (de). Souvenirs et portraits, 1780-1789. *Paris, Buisson*, 1813 ; in-8, br.　　4 fr.

3849. Longueruana, ou recueil de pensées, de discours et de conversations, de feu M. Louis du Four de Longuerue. *Berlin*, 1754; 2 vol. in-12, veau fauve, dos orné, fil. (*Rel. anc.*). 10 fr.

Bel exemplaire.

3850. Lorris et de Meung.

Cest le romant de la rose
Moralise clerc et net
Translate de rime en prose
Par vostre humble Molinet.

(à la fin :) *Imprimé à Lyon l'an 1503 par maistre Guillaume balsarin libraire et imprimeur ;* in-fol. goth. de 153 ff. chiffr. à 2 col., mar. vert, dos orné, fil., tr. dor. (*Rel. anc.*). 400 fr.

Traduction en prose du Roman de la rose avec des moralités ajoutées à chaque chapitre. Elle a été faite en l'an 1500 ainsi que l'on peut le voir dans les 16 vers qui terminent l'ouvrage.
Livre bien imprimé, illustré de figures sur bois, et devenu très rare.

3851. Loti (Pierre). Madame Chrysanthème. *Paris, Calmann-Lévy*, 1888 ; in-8, broché. 6 fr.

3852. Louis XV. Correspondance secrète inédite de Louis XV sur la politique étrangère avec le comte de Broglie, Tercier, etc., et autres documents relatifs au ministère secret, publiés par E. Boutaric. *Paris, Henri Plon*, 1886 ; 2 vol. in-8, br. 9 fr.

3853. Louvet de Couvray. Mémoires de J-B. Louvet, membre de la Convention ; de la journée du 31 mai, suivis de quelques notices pour l'histoire et le récit de mes périls depuis cette époque. *Paris*, 1821 ; 2 vol. in-12, br. 5 fr.

3854. Ly'onell. L'Art de relever sa robe. *Paris, Poulet-Malassis*, 1862; in-16, demi-rel. mar. bleu, tête dor., *non rogné*. 5 fr.

L'un des 100 exemplaires numérotés tirés sur PAPIER DE HOLLANDE.

3855. Macdonald (Maréchal). Souvenirs du maréchal Macdonald, duc de Tarente. Avec une introduction par M. Camille Rousset. *Paris, Plon, Nourrit*, 1892 ; in-8, portr., br. 5 fr.

3856. Magasin pittoresque (le), fondé et publié par M. A. Lachevardière, rédigé sous la direction de MM. Euryale Cazeaux et Edouard Charton. *Paris*, 1833-1895 ; 63 vol. pet. in-4, fig., demi-rel. et br. 200 fr.

Collection de l'origine à 1895. Les années 1833 à 1867 sont en demi-rel. dos et coins de veau fauve, et les années suivantes *brochées*.
Manque l'année 1868.

3857. Magny (Olivier de). LES ODES d'Olivier de Magny, de Cahors en Quercy. *Paris, André Wechel*, 1559 ; in-8 de 192 ff., mar. rouge, dos orné, fil. à fr., tr. dor. (*Bauzonnet-Trautz*). 600 fr.

ÉDITION ORIGINALE, très rare.
Exemplaire grand de marges. — Haut. : 162 mill.

3858. Manuscrit. Livre d'heures français du XVIe siècle. *S. l. n. d.*; in-8 , mar. brun, dos orné, riches compart. sur les plats, tr. dor. (*Rel. anc.*). 2,500 fr.

Remarquable livre d'heures manuscrit de 186 feuillets réglés, parfaitement calligraphié sur peau de vélin, avec fins de ligne et initiales rubriquées en or et en couleurs.
Exécuté en France au commencement du XVIe siècle, il a été enluminé avec autant d'art que de profusion de DOUZE petites miniatures dans le calendrier, représentant des signes du Zodiaque, et dans le texte de CINQUANTE-TROIS grandes compositions, placées dans des encadrements architectoniques; ces dernières ont pour sujets les principaux épisodes de la vie de N.-S. Jésus-Christ et de la Vierge Marie, complétés par une belle et intéressante série de saints et de saintes. Citons : S. Michel, S. Jean-Baptiste, S. Pierre et S. Paul, S. Jacques, S. André, S. Jean l'Evangéliste, S. Barthélémy, S. Etienne, S. Laurent, S. Georges, S. Thomas, S. Denis, S. Christophe, S. Eustache, S. Nicolas, S. Fiacre, S. Liénard, S. Martin, Ste Magdelaine, Ste Catherine, Ste Marguerite, Ste Anne, Ste Appoline, etc., dont les vives couleurs ont gardé tout leur éclat. Outre le texte latin ordinaire, de nombreuses oraisons et la vie de sainte Marguerite ont été rédigées en français, ainsi que les noms des saints et des fêtes religieuses de l'année du calendrier.
La reliure aux riches compartiments formés d'arabesques, de filets et de fleurons, peut être attribuée à l'un des Eve.

3859. Manuscrit. Livre d'or héraldique du Collège de Sainte-Marie de la Charité de Venise ; pet. infol. de 38 ff., velours violet, tr. dor. 800 fr.

Manuscrit sur vélin exécuté du XVe au XVIIIe siècle. Précieux pour l'histoire vénitienne, il renferme, peintes à pleine page, avec la plus grande précision héraldique et un incomparable éclat de couleurs, toutes les armoiries, au nombre de 44, des visiteurs renommés ou des protecteurs célèbres du Collège de Santa Maria de la Carità, depuis l'an 1460 jusqu'en 1785: Jérôme Lando, patriarche de Constantinople; les cardinaux Prosper Colonna (1459) et Besarion (1468): les doges Ant. Foscolo, P. Mocenigo; J. Mocenio (1473-78): Bartolomio Parcito, abbé de St-Grégoire: Léonard Botta ; Guido di Rossi; Mapheo Girardo, patriarche de Venise (1487); le doge M. Barbarigo (1487); Anzolo Fascuolo, évêque de Feltre (1490); *Philippe de Commines*, seign. d'Argenton, ambassadeur du roi de France (1495); cardinal Matheo ; Hercule d'Este, cardinal de Ferrare (1528): Titus Adantinus, év. de Chéronèse (1547); le doge Pierre Lando (1545): l'évêque Victor de Franceschi (1557): Thadio Contarino: Paulus Giuscardus : Aloisius, card. d'Este ; le doge Alvigi Mocenigo (1577); Ant. Niger; Nicolo da Ponte: Andrea Doria (1587): Leon Barbaro (1584); G.-D. Fongonio, arch. de Spalato ; Fr. da Vera ; le cardinal Georgio Radziwill (1591); Raffael Inviati, évêque de Zante ; Georgio Contareno (1629): Jérôme Pisauro (1636); Nicolo Dandolo (1668): Angelus Zon (1724), etc. Neuf de ces blasons, peints au milieu du XVI° siècle, sont signés de leur auteur, *Alex. Spiera*.

Plusieurs feuillets, datés de 1585, sont consacrés à la nomenclature des reliques conservées dans l'église du collège, et, en outre, chacune des armoiries est accompagnée d'une courte notice sur le personnage dont on a voulu perpétuer la mémoire.

En résumé, l'ensemble de ce recueil constitue une curieuse série chronologique d'art héraldique, d'autant plus précieux que de semblables livres d'or se rencontrent rarement dans les bibliothèques publiques et à plus forte raison dans les collections particulières.

3860. Manuscrit persan. Le SHAH NAMÉH. Livre des Rois. Le grand poème épique de Firdousi. Manuscrit persan à 4 colonnes, en écriture italique. In-fol., reliure orientale à recouvrement, ornements à froid.   1.000 fr.

Important manuscrit ancien décoré de CENT MINIATURES à mi-page.

Ces curieuses peintures représentent des intérieurs princiers, des chasses au sanglier, au lion, au tigre, de terribles luttes corps à corps, des scènes de carnage, des combats contre des monstres et des animaux fantastiques, etc. Elles sont fort intéressantes pour l'étude du costume, des armes, des instruments de musique, des harnachements de chevaux, de la décoration intérieure et de l'ameublement des palais, etc. Dans quelques-unes, les figures ont été grattées par quelque musulman fanatique. L'ensemble n'en constitue pas moins un curieux et précieux document tant au point de vue artistique qu'au point de vue de l'histoire des mœurs et du costume dans la Perse ancienne.

Quelques mouillures et raccommodages. La première page manque.

3861. Marguerite de Valois. Contes et nouvelles. Nouvelle édition. *Paris, (Amsterdam), aux dépens de la compagnie,* 1740 ; 2 vol. in-12, demi-rel. veau fauve. 25 fr.

Frontispice de *Guere* et figures à mi-page gravées sur cuivre d'après *Romain de Hooge.*

3862. Marino. Il Tempio, panegirico del cavalier Marino. *Lione, Jullieron,* 1615 ; pet. in-12, vélin.   4 fr.

3863. Marot (Clément). Les Œuvres de Clément Marot, valet de chambre du roy. Desquelles le contenu s'ensuit. L'adolescence Clémentine, la suite de l'adolescence, bien augmentées. Deux livres d'Epigrammes. Le premier livre de la métamorphose d'Ovide. Le tout par lui autrement, et mieulx ordonné, que par cy devant. *On les vend à Lyon chez Gryphius,* 1538 ; pet. in-8 goth., mar. rouge, dos orné, tr. dor. (*Rel. anc.*).   150 fr.

Rare édition donnée par Marot, lui-même, ainsi que le démontre une lettre du 31 juillet 1538, écrite par lui et insérée au début du volume. Elle est semblable à celle donnée par Dolet la même année. Piqûres de vers.

3864. Martello (Pierjacopo). Teatro italiano, *Roma, Fr. Gonzaga,* 1715-1723 ; 5 vol. in-8, front. et fig., basane.   15 fr.

Aux armes du comte de COLLALTO.

3865. Masson. Le Jardin anglais, poème en quatre chants, traduit de l'anglais, *Paris,* 1788 ; in-8, veau.   15 fr.

5 figures représentant le jardin anglais de Prunay, près Marly.

3866. Masson (Fréd.). Journal inédit de Jean-Baptiste Colbert, marquis de Torcy, publié par Frédéric Masson. *Paris,* 1884 ; in-8, br. 4 fr.

3867. Maugras (Gaston). Les Demoiselles de Verrières. *Paris, Calmann-Lévy,* 1890 ; in-8, cart. toile, *non rogné.*   12 fr.

Exemplaire en GRAND PAPIER DE HOLLANDE, orné de 2 portraits gravés par *Abot.*

L'une des demoiselles de Verrières était la bisaïeule de George Sand.

3868. Mémoires particuliers formant avec l'ouvrage de M. Hue et le journal de Cléry, l'histoire complète de la captivité de la famille royale à la tour du Temple, Attribués à Madame, duchesse d'Angoulême). *Paris, Audot, 21 janvier* 1817 ; in-8, demi-rel. bas. 8 fr.

Plan et vue du Temple.

3869. **Mémoires** pour servir à l'histoire de France en 1815, avec le plan de la bataille de Mont-Saint-Jean. *Paris, Barrois,* 1820 ; in-8, plan, cart. 4 fr.

Cet ouvrage est de Napoléon Ier lui-même, il forme le IXe livre de ses mémoires, et contient l'histoire militaire des Cent-Jours.

3870. **Mémoires** pour servir à l'histoire de l'Académie royale de Peinture et de Sculpture depuis 1648 jusqu'à 1664, publiés par Anatole de Montaiglon. *Paris, Jamet,* 1853 ; 2 vol. demi-rel. veau, tête dor., *non rognés.* 20 fr.

Rare.

3871. **Mercier**. L'An deux mille quatre cent quarante. Rêve s'il en fut jamais, suivi de l'homme de fer, songe. Par L.-S. Mercier. *Paris, Brosson et Carteret, an VII* (1799) ; fig., demi-rel. bas. 12 fr.

Portraits et 3 figures.

3872. **Michiels** (Alfred). Histoire de la Guerre franco-prussienne et de ses origines. *Paris, Dentu,* 1872 ; in-8, br. 5 fr.

10 gravures sur bois.

3873. **Mignet**. Rivalité de François Ier et de Charles-Quint. *Paris, Didier,* 1876 ; 2 vol. in-12, br. 5 fr.

3874. **Molière**. Œuvres complètes. Nouvelle édition collationnée sur les textes originaux avec leurs variantes, précédée de l'histoire de sa vie et de ses ouvrages par M. J. Taschereau. *Paris, Furne, s. d. ;* 6 vol. gr. in-8, portr. et fig., demi-rel. dos et coins de mar. rouge, dos orné, fil., tête dor., *non rognés.* 200 fr.

Un des 100 exemplaires en GRAND PAPIER VERGÉ DE HOLLANDE, contenant un tirage moderne par *Dien* de la première suite de figures de *Moreau* de 1773 et la seconde suite de *Moreau,* publiée par Renouard, épreuves sur Chine.

3875. **Moniteur** (le) secret, ou tableau de la Cour de Napoléon, et de celui de ses agens. (Par J.-B. Gouchery). *Londres et Paris,* 1814 ; 2 vol. in-8, cart. toile, *non rognés.* 10 fr.

Ouvrage rare : on y fait sous la forme du ridicule, la critique de l'Empereur et des dignitaires de la couronne.

3876. **Monselet** (Charles). Portraits après décès, avec lettres inédites et fac-simile. *Paris, A. Faure,* 1866 ; in-8, demi-rel. chagrin rouge. 3 fr. 50

3877. **Montaigne**. Les Essais de Montaigne. Nouvelle édition exactement purgée des défauts des précédentes, selon le vray original... *A Amsterdam, chez Anthoine Michiels,* 1659 ; 3 vol. in-12, portr. gravé, mar. bleu, doublé de mar. rouge, dent., tr. dor. (*Trautz-Bauzonnet*). 600 fr.

Édition imprimée par Foppens à Bruxelles, recherchée pour sa belle exécution typographique. Elle se joint aux Elzevier (Willems, n° 1982).
Exemplaire réglé. Haut. : 155 mill.

3878. **Montesquieu**. Lettres persannes. *A Cologne, chez Pierre Marteau,* 1721 ; 2 tomes en un vol. in-12, veau. 10 fr.

Édition parue dans la même année que l'originale. — Le titre du 2e volume manque.

3879. **Montglat** (Fr. de Paule de Clermont, marquis de). Mémoires. *Amsterdam,* 1727 ; 4 vol. in-12, veau granit, fil. à froid (*Rel. anc.*). 15 fr.

PREMIÈRE ÉDITION de ces curieux mémoires qui comprennent les faits de notre histoire sous le règne de Louis XIII, de 1635, à la fin de la régence d'Anne d'Autriche, en 1660.
Bel exemplaire.

3880. **Moutié**. Cartulaire de l'abbaye de Notre-Dame de la Roche, de l'ordre de Saint-Augustin, au diocèse de Paris, d'après le ms. original de la Bibliothèque impériale. *Paris, H. Plon,* 1862 ; in-4, br. 30 fr.

PAPIER VERGÉ. Publié par la société d'archéologie de Rambouillet.
Avec un atlas in-fol. de 40 pl.

3881. **Nécrologe** de l'abbaïe de Notre-Dame de Port-Roïal des Champs, ordre de Citaux, institut du Saint Sacrement ; qui contient les éloges historiques avec les épitaphes des fondateurs et bienfaiteurs de ce monastère, et des autres personnes de distinction, qui l'ont obligé par leurs services (par Dom Antoine Rivet). *Amsterdam, Nic. Potgieter*, 1723 ; in-4, veau brun.   30 fr.

Ouvrage précieux pour l'histoire du Jansénisme, orné de vignettes en-têtes gravées en taille-douce, représentant l'extérieur et l'intérieur de ce monastère.

3882. Nisard (Désiré). Souvenirs et notes biographiques. *Paris, Lévy*, 1888 ; 2 vol. in-8, br.   6 fr.

Portrait gravé à l'eau-forte par *Abot*.

3883. Nouvelle Revue (La). *Paris*, 1881-1890 ; 56 vol. gr. in-8, demi-rel. veau.   60 fr.

Collection comprenant depuis le tome XII (sept. 1881) jusqu'au tome LXVII (décembre 1890).

3884. Odeurs (les) ultramontaines par l'abbé *** auteur du Maudit et de la Religieuse. *Paris, libr. internationale*, 1867 ; in-8, br. 3 fr.

3885. Ordonnances de François Ier. Autres Ordonnances Nouvelles du Roy nostre Sire, sur L'estat des Tresoriers, et manyment des Finances. Publiees en la Chambre des Comptes et au Conseil de la Tour Carrée. *Imprimées à Paris, par Maistre Geofroy Tory de Bourges, libraire et imprimeur du Roy, devant l'église de la Magdeleine a L'enseigne du Pot Casse.* (A la fin :) *Achevées d'imprimer le vingtiesme jour de juillet* 1532. Pet. in-4 de 6 ff., mar. brun tête de nègre jans., tr. dor. (*Cuzin*).   150 fr.

Le titre et le verso du dernier f. sont encadrés par deux très jolis bois accompagnant la marque du célèbre imprimeur. — Bel exemplaire.

3886. Ordre des Cocus réformez, nouvellement establis à Paris. La cérémonie qu'ils tiennent en prenant l'habit ; les statuts de leur ordre et un petit abrégé de l'origne de ces peuples. *S. l. n. d.* ; in-8 de 16 pp., mar. citron, dos orné, fil., tr. dor. (*Trautz-Bauzonnet*, 1851.)   75 fr.

Exemplaire à toutes marges, d'une pièce très rare publiée à Paris vers 1620.

3887. Ordre provisionnel du Roy, pour son régiment des Gardes françoises. *Paris*, 1762 ; in-12, veau. 4 fr.

3888. Ovide. Les Métamorphoses d'Ovide, en latin, traduites en françois, avec des remarques et des explications historiques, par M. l'abbé

Banier. Ouvrage enrichi de figures en taille-douce, gravées par B. Picart, et autres habiles maîtres. *Amsterdam, R. et J. Wetstein et G. Smith*, 1732 ; 2 vol. in-fol., veau fauve, dos orné, fil. à froid, tr. dor. (*Rel. anc.*).   200 fr.

Splendide ouvrage illustré d'un frontispice et de 130 figures par *Lebrun, Leclerc, Maas, Picart, Punt, J. Romain, Tosta, de Wit* et *Wandelaar*. Bel exemplaire.

3889. Pairault (A.). Nouveau Dictionnaire des Chasses. Vocabulaire complet des termes de chasses anciennes et modernes. *Paris, Pairault*, 1885 ; in-8, fig., demi-cart., *non rogné*.   15 fr.

Nombreuses illustrations. Couverture illustrée conservée.

3890. Paradin (Claude). Devises héroïques, par M. Claude Paradin, chanoine de Beaujeu. *A Lion, par Jan de Tournes, et Guil. Gazeau*, 1557 ; in-8, vélin à recouvrements, fil., milieux, tr. dor. (*Rel. anc.*).   200 fr.

Ce charmant volume est illustré de 182 emblêmes gravés sur bois avec leur explication et celles des devises qui les accompagnent. Ces devises sont pour la plupart celles des principaux personnages du XVIe siècle. Le dernier f. porte la marque de Jean de Tournes avec sa devise : « Son art en Dieu ». Bel exemplaire.

3891. Parc (Le) au Cerf, ou l'origine de l'affreux déficit, par un zélé patriote. *A Paris, sur les débris de la Bastille*, 1790 ; in-8, cart. 20 fr.

Frontispice et 2 portraits.

3892. Pascal (Blaise). Traitez de l'équilibre des liqueurs, et de la pesanteur de la masse de l'air. *Paris, Desprez*, 1663 ; in-12, veau. 12 fr.

2 planches. Aux armes de César de Cremaux, marquis d'Entragues.

3893. Passe-Partout (le) Galant, par M***, chevalier de l'ordre de l'industrie et de la gibecière. *A Constantinople, à l'impr. de sa Hautesse*, 1710. — L'Art de plumer la poulle sans crier. *A Cologne, chez Robert le Turc*, 1710. Ens. 2 tomes en un vol. pet. in-12, vélin à recouvrements.   15 fr.

Le premier volume est un recueil d'anecdotes satiriques dirigées contre le clergé. Le second un recueil d'histoires galantes où les magistrats et les financiers jouent des rôles peu édifiants.

Frontispice représentant une vue de Paris.

3894.Peigné-Delacourt. La Chasse à la haie. *Paris, V*^{ve} *Bouchard-Huzard,* 1858 ; in-4, front. et fig., cart., *non rogné.*   10 fr.

3895. Perrault. Les Contes des fées en prose et en vers de Charles Perrault. Deuxième édition, revue et corrigée et précédée d'une lettre critique par Ch. Giraud. *Lyon, impr. L. Perrin (Paris, Leclère),* 1865 ; in-8, portr. et vign., demi-rel. cuir de Russie, dos orné, tête dor., *non rogné (Thivet).*   25 fr.

Papier vergé. Portrait et jolis en-têtes gravés sur cuivre.

3896. Perrens (F.-T.). Étienne Marcel, prévôt des marchands. 1354-1358. *Paris, imprimerie nationale,* 1874 ; in-4, cart.   10 fr.

Ouvrage fort important pour l'histoire de Paris.

3897. Petit-Neveu (Le) de Bocace, ou contes nouveaux en vers (par Plancher de Valcour). Nouvelle édition, revue, corrigée et augmentée par Pl. D. (Pluchon-Destouches). *Amsterdam (Montargis),* 1787 ; 3 tomes en un vol. in-8, demi-rel. dos et coins de mar. violet, dos orné, tête dor., *non rogné.*   18 fr.

3898. Pfeffel. Abrégé chronologique de l'histoire et du droit public d'Allemagne par M. de Pfeffel. Seconde édition, revue, corrigée et augmentée par l'auteur. *Mannheim, de l'impr. électorale, chez Nicolas de Pierron,* 1758 ; 2 vol. in-4, mar. rouge, dos orné, dent., tr. dor. (*Rel. anc.*).   250 fr.

Bel exemplaire en GRAND PAPIER.

3899. Picardie. Vues pittoresques de l'ancienne France, lithographiées d'après nature. *Paris,* 1835 ; in-fol., cart., *non rogné.*

COMPIÈGNE et NOYON, 43 pl.   40 fr.
BEAUVAIS et ses environs, 52 pl. 50 fr.
SOISSONS et ses environs, 51 pl. 50 fr.
PÉRONNE et MONTDIDIER, 35 pl. 35 fr.
AMIENS et ses environs, 76 pl. 70 fr.

3900. Piganiol de la Force. Nouvelle description des châteaux et parcs de Versailles et de Marly, contenant une explication histori-

que de toutes les peintures, tableaux, statues, vases et ornemens qui s'y voient, etc. Sixième édition. *Paris, V*^{ve} *Delaulne,* 1730 ; 2 vol. in-12, veau.   8 fr.

Plans et figures en taille-douce.

3901. Plutarque. Traduction de différents traités de morale de Plutarque, par M*** (l'abbé Jacques Gaudin. *Paris, de Bure,* 1777 ; in-12, mar. rouge, dos orné, fil., tr. dor. (*Rel. anc.*).   50 fr.

Bel exemplaire aux armes du duc de CHOISEUL-STAINVILLE.

3902. Poesie bibliche et ecclesiastiche. Versioni del marchese Lodovico Pallavicino - Mossi. Edizione seconda. *Torino,* 1870 ; in-8, br. 4 fr.

3903.Peésies des XVe et XVIe siècles publiées d'après des éditions gothiques et des manuscrits. *Paris, Silvestre,* 1832 ; in-8, demi-rel. dos et coins de mar. rouge, dos orné, *non rogné.* (*Moreau*).   40 fr.

Recueil de 15 pièces tiré à 100 exemplaires sur PAPIER VERGÉ numéroté et imprimé en caractères gothiques : L'art et science de rhétorique. — Le Casteau damours. — Le debat de liver et de leste. — Le débat du vieil et du jeune. Sermon nouveau. — Le caquet des bonnes chambrières. — Sermon de S. Haren. — La Réformation des dames de Paris. — Deploration de Robin. — Le songe doré de la Pucelle. — La complaincte de la grosse cloche de Troyes. — Les souhaiz du monde. — La farce du meunyer. — Moralité de l'aveugle et du boiteux. — La farce de la pipée.

3904. Poètes français (Les). Recueil des chefs-d'œuvre de la poésie française depuis les origines jusqu'à nos jours, avec une notice littéraire sur chaque poète. Précédé d'une introduction par M. Sainte-Beuve. Publié sous la direction de M. Eugène Crépet. *Paris, Gide,* 1861-1862 ; 4 vol. in-8, demi-rel. veau fauve, tr.   35 fr.

3905. Porta (J.-B.). Magiæ naturalis sive de miraculis rerum naturalium libri IV. *Antverpiæ excudebat Christophorus Plantinus kalendis Februarii* 1560 ; in-8, vélin.   5 fr.

Le titre du volume et le dernier f. de l'index manquent.

3906. Pottier (André). Histoire de la Faïence de Rouen, précédée d'un index synchronique mettant en regard les faits correspondants de l'histoire des autres fabriques et suivie d'un catalogue descriptif des pièces datées, classées chronogiquement. *Rouen, Le Brument,* 1869 ; 2 vol. in-4, *en feuilles* dans 2 cartons.   75 fr.

Portrait à l'eau-forte et 60 planches en chromolithographie reproduisant les plus beaux spécimens de la fabrication rouennaise.

3907. Prévost (l'abbé). Manon Lescaut. *Paris, Jouaust,* 1867 ; in-8, demi-rel. mar. rouge, tête dor., *non rogné.*   10 fr.

PAPIER DE HOLLANDE.

3908. Proussinalle. Histoire secrète du Tribunal Révolutionnaire contenant des détails curieux sur sa formation, sa marche, sur le gouvernement révolutionnaire, etc. *Paris, Lerouge,* 1815 ; 2 vol. in-8, br.   6 fr.

3909. Proust (A.). La Défense de l'Europe contre le choléra. *Paris, Masson,* 1892 ; in-8, br.   4 fr.

Exemplaire tiré à part, avec envoi d'auteur.

3910. Quatrelles. A coups de fusil. Ouvrage illustré de trente dessins originaux hors texte, par A. de Neuville. Nouvelle édition. *Paris, Charpentier,* 1877 ; in-4, br. 8 fr.

Quatrelle est le pseudonyme d'Ernest L'Épine.

3911. Racine. Œuvres. *Paris, Claude Barbin, Pierre Trabouillet,* 1687 ; 2 vol. in-12, mar. rouge, dos orné, fil., tr. dor. (*Hardy-Mennil*). 120 fr.

Frontispices et figures de *F. Chauveau.*

3912. Racine. Œuvres complètes de J. Racine, avec les notes de tous les commentateurs. Quatrième édition publiée par L. Aimé-Martin. *Paris, Lefèvre,* 1825 ; 7 vol. in-8, demi-rel. veau bleu, *non rognés* (*Cassassus*).   80 fr.

Portrait gravé par *Roger.* Belle édition de la *Collection des classiques français.*

3913. Racine. Fedra, tragedia, traduzione di Lucio Tallachini. *Milano,* 1854 ; gr. in-8, demi-rel. chagr. vert.   2 fr. 50

3914. Recherches historiques et critiques sur quelques anciens Spectacles, et particulièrement sur les mimes et sur les pantomimes (par Boulanger de la Rivery). *Paris, Mérigot,* 1752 ; in-12, veau.   5 fr.

A la suite on a relié : Lettre d'un sot ignorant, sur la tragédie de Catilina (de Crébillon). *Bruxelles,* 1748. — Natilica, conte indien, ou critique de Catiilna (par Desforges). *Amst.,* 1749.

3915. Recueil de Pierres gravées antiques (par Levesque de Gravelle). *Paris, Mariette,* 1732-1737 ; 2 tomes en un vol. in-4, veau fauve, dos orné, tr. rouge (*Rel. anc.*). 40 fr.

2 frontispices et 205 planches gravés à l'eau-forte par *Levesque de Gravelle,* dont le monogramme se voit sur chacune des planches.

3916. Registres de l'Hôtel de ville de Paris pendant la Fronde, suivis d'une relation de ce qui s'est passé dans la ville et l'abbaye de Saint-Denis à la même époque, publiés par MM. Le Roux de Lincy et Drouët-D'Arcq. *Paris, J. Renouard,* 1846-1848 ; 3 vol. in-8, veau fauve. 18 fr.

De la Collection de la Société de l'Histoire de France.

3917. Regnaut (Antoine). Discours du Voyage d'outre mer au Sainct Sepulcre de Jerusalem et autres lieux de la Terre Saincte. Avec plusieurs traictez. Par Antoine Regnaut bourgeois de Paris. *Imprimé à Lyon aux despens de l'auteur,* 1573. *On les vend à Paris aux faulx-bourgs Sainct Jaques à l'enseigne de la Croix de Hierusalem ;* in-4, mar. rouge jans., tr. dor. (*Cuzin*). 350 fr.

Exemplaire renfermant la seconde partie : Ordonnances des empereurs, roys et princes de France qui ont esté souverains et chefz de l'Ordre des chevaliers du Saint-Sepulchre de Nostre Redempteur Jesu-Christ, en Jérusalem outre mer. Imprimées à Paris, par Nicolas du Chemin pour Anthoine Regnault, 1573.

Le volume se compose de 4 ff. lim., 289 pp., 8 ff. pour le Catalogue des traictés, la table et le dernier f. blanc (les ordonnances commençant à la p. 261) : et 4 cartes hors texte, le supp. au Brunet n'en indiquant que 3. — 59 figures sur bois par *J. Moni* dont les bois avaient déjà servi pour les figures de la Bible de J. Guéroult.

3918. Régnier. Les Satyres du sieur Régnier. Dernière édition, revue, corrigée et de beaucoup augmentée, tant par le sieur de Sigogne, que de Berthelot. *Paris, Nicolas et Jean de la Coste,* 1635 ; in-8, mar. rouge, dos orné, fil., tr. dor. (*Capé*). 100 fr.

Très bel exemplaire.

Achat de Bibliothèques

3919. Représentation des fêtes données par la ville de Strasbourg pour la convalescence du Roi à l'arrivée et pendant le séjour de Sa Majesté dans cette ville. Inventé, dessiné et dirigé par J.-M. Weis, graveur de la ville de Srasbourg. *Paris, impr. par Laurent Aubert, s. d.* (1745) ; in-fol., veau marbr. (*Rel. anc.*). 180 fr.

Bel exemplaire aux armes royales.
L'illustration de ce livre somptueux comprend un titre gravé par *Marvie*, portrait de Louis XV, gravé par *Ville* d'après *Parrocel*, 11 planches de *Weiss*, 10 ff. de texte gravé avec encadrements différents, une grande vignette en-tête et un cul-de-lampe dessinés par *Weiss* et gravés par *Marvie*.

3920. Robert (David). Egypt et Nubia, from drawings made on the spot by David Roberts, R. A. with historical descriptions by Wiliam Brockedon F. R. S. lythographed by Louis Haghe. *London, Moon,* 1846-1849 ; 2 vol. gr. in-fol., demi-rel. dos et coins de mar. bleu, plats toile, tr. dor. (*Rel. anglaise*). 120 fr.

Très belles lithographies hors texte et dans le texte.

3921. Robida (A.). Les Vieilles villes d'Espagne, notes et souvenirs. Ouvrage illustré de 125 dessins à la plume par A. Robida, reproduits en fac-simile. *Paris, Maurice Dreyfous,* 1880 ; gr. in-8, br., couv. 5 fr.

3922. Roland (Madame), sa détention à l'abbaye et à Sainte-Pélagie, 1793, racontée par elle-même dans ses mémoires. *Paris, G. Hurtrel,* 1886 ; pet. in-8 carré, br. 6 fr.

Illustrations de *A. Poirson.*

3923. Ruble (Alph. de). La première Jeunesse de Marie Stuart. *Paris, Em. Paul,* 1891 ; in-8, br. 4 fr.

Tiré à 170 exemplaires.

3924. Saint-Allais. De l'Ancienne France, par M. de Saint-Allais. *Paris,* 1833 ; 2 vol. in-8, demi-rel. veau vert, dos orné. 15 fr.

Ouvrage traitant de l'origine de la royauté, de ses attributs : de l'origine de la nation, de la pairie, des grands vassaux, de la noblesse, des armoiries, ordres de chevalerie, etc., etc.

3925. Saint-Allais. Nobiliaire universel de France, ou recueil général des généalogies historiques des maisons nobles de ce royaume, par

M. de Saint-Allais et par M. de la Chabeaussière. *Paris, Bachelin-Deflorenne,* 1872-1875 ; 20 vol. in-8, demi-rel. dos et coins de mar. rouge, tête dor., *non rognés.* 160 fr.

3926. Saint-Amant. Les Œuvres du sieur de Saint-Amant. *Paris, de l'impr. de Rob. Estienne, pour Fr. Pommeray et Toussainct Quinet,* 1659 ; in-4, mar. rouge, dos orné, fil., tr. dor. (*R. Petit*). 75 fr.

ÉDITION ORIGINALE des premières œuvres du poète flamand.
Bel exemplaire.

3927. Saint-Foix. Lettres turques publiées par D. Jouaust. *Paris, Jouaust,* 1869 ; in-12, mar. rouge, dos orné, fil., tête dor., éb. (*Courmont*). 15 fr.

PAPIER DE CHINE tiré à 15 exemplaires.

3928. Saint-Gellais (Mellin de). Œuvres poétiques de Mellin de S. Gelais. *Lyon, Benoist Rigaud,* 1582 ; in-16 réglé, mar. citron, dos orné, milieux dorés, tr. dor. (*Trautz-Bauzonnet*). 150 fr.

Charmante édition imprimée en caractères italiques.
On a ajouté à cet exemplaire un portrait de Mellin de S. Gelais par *Léonard Gaultier.*

3929. Saint-Non (l'abbé de). Voyage pittoresque, ou description des royaumes de Naples et de Sicile. *Paris, Clousier,* 1781-1786 ; 4 tomes en 3 vol., veau marbr. (*Rel. anc.*). 300 fr.

Bel ouvrage richement orné de gravures. Fleurons sur les titres, 376 gravures, 11 grandes vignettes, 74 culs-de-lampe et fleurons, 12 cartes et 1 plan dessinés par *Auvray, Choffard, Duplessi-Bertaux, Fragonard,* etc.
Les 14 planches de médailles des villes de Sicile qui manquent souvent, se trouvent à part, non reliées.

3930. Salengre. Histoire de Pierre de Montmaur, professur royal en langue grecque, dans l'Université de Paris. *La Haye, Chr. Van Lom,* 1715 ; 2 vol. in-12, front. et fig., mar. rouge, dos orné, fil., tr. dor. (*Capé*). 75 fr.

3931. Salerne. Histoire naturelle, éclaircie dans une de ses parties principales, l'Ornithologie qui traite des oiseaux de terre, de mer et de rivière tant de nos climats que des pays étrangers. *Paris, Debure,* 1767 ; in-4, basane.   25 fr.

31 planches dessinées et gravées au burin par *Martinet.*

3932. Sand (George). Les Beaux Messieurs de Bois-Doré. *Paris, Cadot,* 1859; 5 vol. in-8, br. 25 fr.

Couvertures conservées.

3933. Sandrart. Passio Domini nostri Jesu Christi Neo-cœlatis iconibus expressa, oder Abbildung des bittern Leidens und Sterben, siegreicher Aufferstehung von den Todten und Triumphirender Himmelfahrt Jesu Christi. Neu-ersonnen und gezeichnet von Johann Jacob von Sandrart. In Kupffer gebracht und an Tag gegeben von Christoph Weigel.*Augspurg,* 1693 ; gr. in-8, mar. noir, dos orné, comp. dor. et à froid, tr. dor , fermoirs (*Rel. anc.*).   80 fr.

Bel exemplaire entièrement gravé, comprenant un frontispice, un titre et 100 figures en taille-douce dus au burin de *Christophe Weigel* d'après les belles compositions de *Sandrart.*

3934. Sandras de Courtilz. Annales de la Cour et de Paris, pour les années 1697 et 1698 (par Gatien Sandras de Courtilz). *Cologne, Pierre Marteau (Hollande),* 1702 ; 2 vol. pet. in-12, mar. rouge, dos orné, fil., tr. dor. (*Derome*). 100 fr.

3935. Sandras de Courtliz. Mémoires de Monsieur d'Artagnan, capitaine lieutenant de la première compagnie des mousquetaires du roi. *Amsterdam, Pierre Rougé,* 1704; 4 vol. in-12, port., basane. 50 fr.

Personne n'ignore aujourd'hui que ces Mémoires ont servi en grande partie à la rédaction du célèbre roman d'Alexandre Dumas, les *Trois Mousquetaires.* Signature sur le titre.

3936. Sapet. Les Enthousiasmes ou Éprises amoureuses. *Paris, Jehan Dallier,* 1556 ; in-8, mar. vert, dos orné, fil., tr. dor.(*Rel. anc.*). 160 fr.

Livre très rare, écrit dans un style singulier, contenant 23 éprises philosophiques et morales dans lesquelles l'auteur s'occupe de l'amour, des diverses passions de l'âme et de différents sujets de philologie et même de critique. Toutes les grandes lettres sont ornées d'arabesques dans le style de la Renaissance.
Bel exemplaire provenant des bibliothèques HÉBERT et Ch. NODIER.

3937. Sauval (Henri). Galanteries des Rois de France depuis le com-

mencement de la Monarchie. Nouvelle édition enrichie de figures en taille-douce de B. Picart, et augmentée des amours des rois de France sous plusieurs races. *Suivant la copie imprimée à Paris, chez Charles Moette,* 1738 ; 2 vol. in-12, mar. rouge, dos orné, fil., tr.dor.tabis,tr.dor.(*Rel.anc*).110fr.

Bel exemplaire.

3938. Scarron. Œuvres. Nouvelle édition revue, corrigée et augmentée de l'histoire de sa vie et de ses ouvrages, d'un discours sur le style burlesque et de quantité de pièces omises dans les éditions précédentes. *Amsterdam, J. Wetstein,* 1752 ; 7 vol. pet. in-12, portr. et front., veau fauve, dos orné, fil., tr. dor. (*Muller*).   75 fr.

3939. Schopperus. Speculum vitæ aulicæ. De admirabili fallacia et astutia vulpeculæ Reinikes libri quatuor, nunc primùm ex idiomate germanico latinitate donati, adjectis elegantissimis iconibus, veras omnium apologorum animaliumque species ad vivum adumbrantibus, auctore Hartmanno Schoppero, Novoforense Norico. *Francof. ad Mænum,* 1574 ; in-12, fig., peau de truie estampée, fermoirs. (*Rel. anc.*).   150 fr.

Cette traduction en vers latins du Roman du Renard est ornée de jolies figures gravées sur bois de *Jost Amman* et de *Virgile Solis.*
Bel exemplaire de *Yemeniz* dans sa très curieuse reliure originale.

3940. Sepet (Marius). Jeanne d'Arc. *Tours, Mame,* 1885 ; gr. in-8, cart. toile.   12 fr.

Trente compositions de *Barrias, J.-P. Laurens, Luminais, Alb. Maignan. Maillart, Rochegrosse, Zier,* etc., gravées sur bois par *Méaulle.*

3941. Shakespeare. Œuvres complètes, traduites par François-Victor Hugo. *Paris, Pagnerre,* 1865-1866 ; 18 vol. in-8, br.   35 fr.

3942. Simon (Henry). Armorial général de l'Empire français, contenant les armes de S. M. l'Empereur et Roi, des Princes de sa famille , des grands dignitaires , princes, ducs, comtes, barons, chevaliers, et celles des villes de 1re, 2e et 3e classes, par Henry Simon, graveur du cabinet de S. M. *Paris, l'auteur*, 1812 ; in-fol., mar. vert, dos orné, ornem. sur les plats avec croix d'honneur au centre, doublé de moire, tr. dor. 120 fr.

> Tome premier seul avec 70 planches en taille-douce. Rare.

3943. **Tanon** (Louis) Registre criminel de la justice de St Martin des Champs à Paris au XVIe siècle, publié pour la première fois, d'après le manuscrit des archives nationales, et précédé d'une étude sur la juridiction des religieux de St Martin (1060-1674). *Paris, Wilhem*, 1877 ; in-8, br., au lieu de 10 fr. 2 fr. 50

3944. — Le même, sur papier Whatman ; au lieu de 25 fr. 4 fr.

3945. **Théâtre** Gaillard. *Glascow, (Paris, Cazin)*, 1782 ; 2 vol. pet. in-12, veau. 100 fr.

> Ces deux volumes se composent de pièces de divers auteurs galants des XVII' et XVIII' siècles. Ils sont ornés de 10 curieuses figures gravées sur cuivre.

3946. **Thiers** (J.-B.). Traité des Superstitions qui regardent les sacrements, selon l'écriture-sainte, les décrets des conciles et les sentimens des Saints-Pères et théologiens, 4e édition, revue, corrigée et augmentée. *Paris*, 1741 ; 4 vol. in-12, veau. 12 fr.

3947. **Thirion**. Les Adam et Clodion. *Paris, Quantin*, 1885 ; in-4, br. 20 fr.

> Belles illustrations tirées hors texte et dans le texte.

3948. **Vaultier**. Souvenirs de l'insurrection normande dite du fédéralisme, en 1793. Avec notes et pièces justificatives par M. Georges Mancel. *Caen, Le Gost-Clerisse*, 1858 ; in-8, br. 4 fr.

3949. **Vien** (Joseph). Caravane du sultan à la Mecque. Mascarade Turque donnée à Rome par MM. les pensionnaires de l'Académie de France et leurs amis au Carnaval de l'année 1748. *Paris, Fessard* (1768); in-4, cart., *non rogné.* 75 fr.

> Rare recueil composé d'un titre gravé et 30 planches dessinées et gravées à l'eauforte par Joseph Vien.
> Bel exemplaire.

3950. **Vinci** (Léonard de). Recueil de Testes de caractère et de Charges dessinées par Léonard de Vinci et gravées par M. le comte de Caylus. 1767 ; pet. in-fol., cart. (*Pierson*). 50 fr.

> Titre et 64 figures.

3951. **Voltaire**. La Henriade, poème, orné de dessins historiques. *Paris, Dubois*, 1825 ; in-fol., demi-rel. dos et coins de mar. rouge, dos orné, éb. (*Bibolet*). 60 fr.

> Belle édition, illustréc de 82 lithographies, comprenant : un frontispice par *Girardet*, 69 portraits de *Mauzaisse* et 18 figures par *Horace Vernet*.

3952. **Voltaire**. Œuvres complètes. Edition dédiée aux amateurs de l'art typographique. *Paris, Jules Didot l'aîné*. 1827-1829 ; 4 vol. in-8, portr., basane. 50 fr.

> Rare édition, imprimée en caractères minuscules, véritable chcf-d'œuvre de typographic exécuté dans les ateliers de Jules Didot.

3953. **Voltaire**. Œuvres complètes de Voltaire, avec des remarques et des notes historiques, scientifiques et littéraires par MM. Auguis, Clogenson, Daunou, Louis du Bois, Étienne, Charles Nodier, etc. *Paris, Delangle frères*, 1824-1832 ; 95 vol. in-8. — Table analytique des matières par P.-A.-M. Miger ; 2 vol. — Ens. 97 vol. in-8, demi-rel. veau fauve, dos orné, *non rognés*. 150 fr.

> Une des plus belles et des plus complètes éditions des œuvres de Voltaire. — Très bel exemplaire.

3954. **Voltaire**. La Pucelle d'Orléans, poème en vingt-un chants. *Paris, impr. de Didot le jeune, l'an III (1795)* ; 2 vol. in-4, demi-rel. dos et coins de mar. rouge, dos orné, tête dor. 150 fr.

> Très belle édition, illustrée d'un portrait par *Gaucher* et de 21 figures par *Lebarbier, Marillier, Monsiau* et *Monnet*.

3955. **Voltaire**. La Pucelle d'Orléans, poème en 21 chants, par Voltaire. *Paris, Leclère*, 1865 ; 2 vol. in-8, portr. et fig., veau fauve, dos orné, fil., *non rognés*. 60 fr.

> Édition tirée à 200 exemplaires et ornée des vignettes de *Duplessi-Bertaux*.

3956. **Zola** (Émile). Ed. Manet. Etude biographique et critique. *Paris, Dentu*, 1867 ; in-8, br. 4 fr.

> Portrait par *Bracquemont* et eau-forte par *Manet*.

Le Propriétaire-Gérant : THÉOPHILE BELIN.

CHATEAUDUN. — Imprimerie de la Société Typographique (*Téléphone*).

L'INTERMÉDIAIRE

DES CHERCHEURS ET CURIEUX

Fondé en 1864

QUESTIONS ET RÉPONSES LITTÉRAIRES, HISTORIQUES, SCIENTI-
FIQUES ET ARTISTIQUES, TROUVAILLES ET CURIOSITÉS

Paraissant les 7, 15, 22 et 30 de chaque mois

FRANCE. — UN AN : **16 fr.** ; SIX MOIS : **9 fr.**
ÉTRANGER. — UN AN : **18 fr.** ; SIX MOIS : **10 fr.**

L'Intermédiaire des Chercheurs et Curieux

fondé en 1864 est un instrument de travail précieux. Le système de QUESTIONS ET RÉPONSES sur lequel il repose est des plus simples.

Parmi les littérateurs, érudits, gens du monde, professeurs, artistes, collectionneurs, bibliophiles, amateurs d'estampes, d'autographes, archéologues, il n'en est guère qui n'éprouve, à un moment donné, ayant tout consulté autour de lui, le besoin de recourir à la science d'autrui. Tel voudrait connaître la source d'une citation, retrouver un livre, un manuscrit, un objet d'art, des armoiries, des documents généalogiques, vérifier l'authenticité d'un texte, d'un tableau, d'un objet antique, etc., savoir si le sujet dont il s'occupe a été étudié, si les collectionneurs, les bibliothèques, les musées possèdent sur son travail quelques indications, documents, etc. ; il a vainement parcouru les répertoires spéciaux, consulté les experts ; c'est ici qu'intervient l'*Intermédiaire*. Il prend la question qui lui est soumise, la transforme en circulaire, va frapper à la porte de tous les érudits, de tous les correspondants qu'il possède en France et à l'étranger, et, le plus promptement possible, apporte la solution.

L'indépendance de l'*Intermédiaire des Chercheurs et Curieux* est absolue ; il ne s'occupe pas de politique, n'admet que les polémiques courtoises et garde scrupuleusement le secret ou l'anonymat de ceux de ses correspondants qui le réclament. Aussi les QUESTIONS ET RÉPONSES de l'*Intermédiaire* n'ont cessé, depuis trente-six ans, d'intéresser le monde des lettrés, des artistes, des amateurs de questions historiques, scientifiques, etc. Elles ont fait sortir de leur réserve des personnes qui s'étaient jusque-là abstenues de parler et mis en lumière des documents curieux. Car, outre les QUESTIONS ET RÉPONSES, l'*Intermédiaire* publie les lettres et documents inédits ou peu connus et les corrobore par de nouveaux renseignements.

**On s'abonne aux Bureaux de l'Administration
31 bis, rue Victor-Massé.**

www.ingramcontent.com/pod-product-compliance
Lightning Source LLC
LaVergne TN
LVHW022356170726
843503LV00008B/3676